LUISA EDEN

Wirsing KOCHBUCH

Die leckersten Wirsingkohl Rezepte für jeden Geschmack und Anlass

Alle Ratschläge in diesem Buch wurden vom Autor und vom Verlag sorgfältig erwogen und geprüft. Eine Garantie kann dennoch nicht übernommen werden. Eine Haftung des Autors beziehungsweise des Verlags für jegliche Personen-, Sach- und Vermögensschäden ist daher ausgeschlossen.

Wirsing Kochbuch

www.edition-lunerion.de

Für Fragen und Anregungen:
info@edition-lunerion.de
Auflage 2023

Vorwort

Der knollig-grüne Blätterkopf genießt hierzulande keinen besonderen Ruf: Leicht langweilig, penetranter Kohlgeruch und insgesamt eher eine unauffällige Zutat. Dass Sie dem Superfood damit gewaltig Unrecht tun, das beweist Ihnen dieses rundum leckere Wirsing-Kochbuch – mit einer Riesenauswahl an Köstlichkeiten, bei denen der unscheinbare Krautkopf zum Superstar wird und für einzigartige Geschmackserlebnisse sorgt!

Im Winter lacht er uns von jedem Gemüsetresen entgegen: Der Wirsing, der mit jeder Menge Vitaminen und Nährstoffen eine unschlagbare Gesundheitsbilanz hat, kalorienarm und figurfreundlich ist, den Geldbeutel schont und obendrein legendär vielfältig verwendet werden kann. Grund genug, den knolligen Kopf nicht nur im Winter öfter mal in den Einkaufskorb zu legen, und wie Sie ihm das Maximum an Geschmack entlocken, zeigen Ihnen diese Rezepte. Ob in Suppe oder Salat, in herzhaften Hauptspeisen oder raffinierten Beilagen, der Wirsing präsentiert sich stets von seiner besten Seite und begeistert Fleischesser, Fischfans, Veggies und Freunde der leichten Küche gleichermaßen.

Guten Appetit!

INHALT

Superfood Wirsing

Der Wirsing (Brassica oleracea convar capitata var. Sabauda) gehört zu den Kreuzblütengewächsen und zählt innerhalb dieser zur Gruppe der Kopfkohle. Wer den Wirsing im eigenen Garten anbauen möchte, der kann mit den Frühsorten bereits Anfang Februar beginnen und diese aussäen. Spätsorten dürfen dann ab April folgen.
Der Wirsing benötigt einen nährstoffreichen, humosen Boden und liebt sonnige bis halbschattige Plätze.

Vorgezogene Frühsorten werden ab April, Spätsorten ab Juni gepflanzt. Der Adventswirsing kann sogar im Herbst noch ausgesetzt werden. Diese Zeiträume machen es möglich, von Mai bis November frischen Wirsing aus dem eigenen Garten ernten zu können.

Mit seinen gesunden Eigenschaften gehört der Wirsing regelmäßig auf den Tisch. Pro 100 g bringt er nämlich nur 0,1 g Fett, 2 g Proteine, 6 g Kohlenhydrate und 27 kcal mit. Zudem ist er mit 49,4 mg Vitamin C, 12 mg Magnesium, 64 mg Calcium und 263 mg Kalium ein echtes Update für jedes Immunsystem.

Wer also regelmäßig Wirsing verzehrt, der profitiert nicht nur von seinen Nährstoffen, sondern reduziert damit auch das Risiko für Bluthochdruck, Krebs, Blutarmut und Entzündungen. Mitverantwortlich hier ist unter anderem das Chlorophyll, welches dem Wirsing seine frische, grüne Farbe verleiht. Dieses fördert die Blutbildung und kann diverse Mangelerscheinungen, wie den Magnesiummangel, ausgleichen.

Seine Farbe ist ebenfalls ein gutes Indiz dafür, dass der Wirsing frisch ist. Beim Einkaufen und Ernten sollten Sie also darauf achten, dass seine Blätter nicht gelb oder blass aussehen. Zur Aufbewahrung des Kohls eignet sich der Kühlschrank sehr gut.

Damit wichtige Inhaltsstoffe erhalten bleiben, wird der Wirsing in der Regel schonend gegart. Eingefrorener Wirsing kann durch das Blanchieren in Salzwasser wieder frisch und knackig werden. Eine zu lange Kochzeit bei starker Hitze führt dazu, dass wichtige Vitamine, Folsäure oder Eisen verloren gehen.

Wer den Kohlgeruch in der Küche nicht so gerne hat, der gibt einfach einen Schuss Essig oder Zitronensaft mit ins Kochwasser.
Neben seinen heilenden und schützenden Eigenschaften kann der Wirsing auch äußerlich aufgetragen werden. So wirkt er schmerzstillend, wenn sie die aufgekochten Blätter auf schmerzende Stellen auflegen.

In seiner Zubereitung ist der Wirsing sehr vielfältig. Egal, ob Sie eine vegane oder vegetarische Ernährung bevorzugen oder ein Freund von Fisch und Fleisch sind – dieser Kohl eignet sich für jedes Rezept.
Probieren Sie selbst!

Frühstück

SPECK-WIRSING-BROT

2 Laibe | 1 Std. 20 Min. | Leicht

Zutaten

1 Prise Salz
100 g Weizenmehl Type 405
400 g Dinkelmehl Type 630
1 TL Zucker
1 Pck. Trockenhefe
150 ml Wasser
2 EL Öl
100 g Speckstreifen
150 g Wirsing

Nährwerte p. P.

2379 kcal
369 g Kohlenhydrate
61 g Fett
78 g Eiweiß

1 Waschen Sie den Wirsing und legen Sie zwei Blätter davon zur Seite. Entfernen Sie den Strunk und schneiden Sie die übrigen Blätter grob klein. Geben Sie 300 g Wirsing in einen Mixbehälter und fügen Sie den Speck sowie das Öl dazu und zerkleinern Sie die Menge 4 Sekunden lang auf Stufe 8. Anschließend braten Sie alles für 5 Minuten auf der Anbratstufe.

2 Geben Sie jetzt das Wasser, das Mehl, die Hefe, 1 TL Zucker und 1 Prise Salz dazu und kneten Sie das Ganze auf der Knetstufe für 2 Minuten zu einem geschmeidigen Teig. Nehmen Sie den Teig heraus, formen Sie ihn zu einer Kugel und legen Sie ihn in eine Schüssel. Decken Sie die Schüssel mit einem feuchten Tuch ab und lassen Sie den Teig 60 Minuten lang gehen.

3 Kneten Sie den Teig dann erneut durch und teilen Sie ihn in zwei Stücke. Formen Sie zwei Laibe daraus und legen Sie jeden Laib auf ein Wirsingblatt. Bereiten Sie ein Backblech mit Backpapier vor und backen Sie Ihr Brot darauf für 40 Minuten bei 190 °C Ober-/Unterhitze.

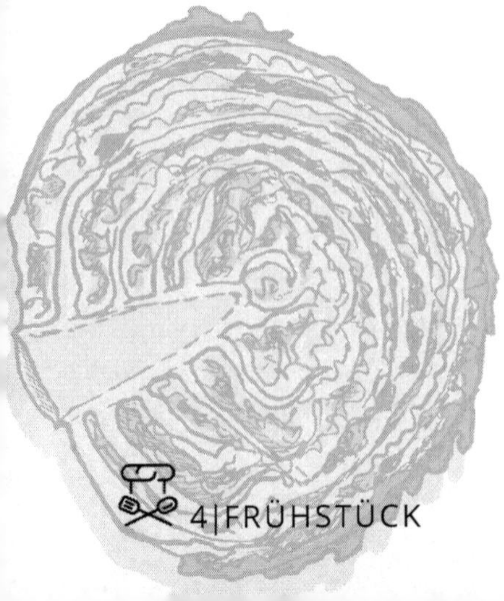

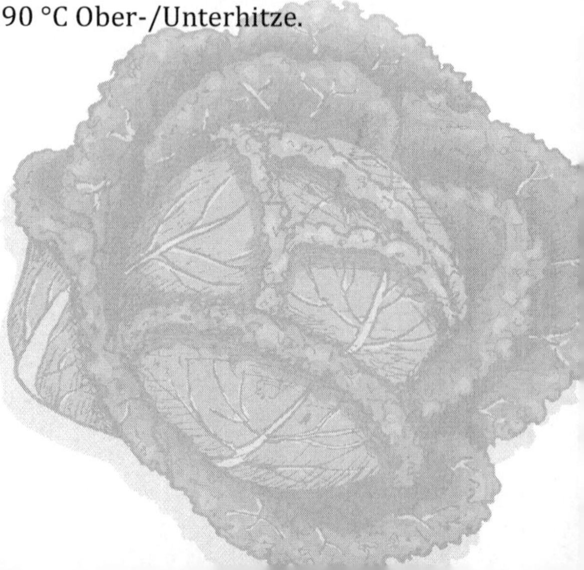

ELSÄSSER WIRSING-BROT

4 Laibe | 2 Std. 55 Min. | Leicht

Zutaten

400 g Weizenmehl Type 405
3 EL Zuckerrübensaft
150 g Natursauerteig
Etwas gehackter Kümmel
Mittelgroße Wirsingblätter
600 g Vollkorn-Roggenmehl
1 Pck. frische Hefe
700 ml lauwarmes Wasser
2 EL Salz
Etwas Mehl für die Arbeitsfläche
Geräucherter, durchwachsener Speck, beliebige Menge

Nährwerte p. P.

2277 kcal
355 g Kohlenhydrate
59 g Fett
69 g Eiweiß

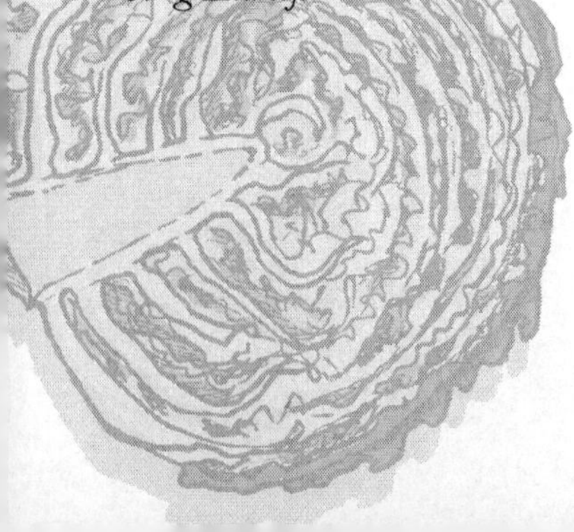

1 Sieben Sie zunächst beide Mehlsorten in eine Schüssel, drücken Sie eine Mulde hinein und vermischen Sie die Hefe mit dem Zuckerrübensaft in etwa 100 ml Wasser. Geben Sie die Mischung in die Mulde hinein und lassen Sie das Ganze für 10 Minuten bei Raumtemperatur gehen.

2 Fügen Sie dann den Kümmel, das Salz, das übrige Wasser sowie den Natursauerteig dazu und verkneten Sie die Menge gründlich. Formen Sie den Teig zu einer Kugel, legen Sie ihn in eine abgedeckte Schüssel und lassen Sie ihn für 45 Minuten gehen. Dann sollte sich die Menge verdoppelt haben.

3 Schlagen Sie den Teig anschließend mit den Händen zusammen und kneten Sie ihn erneut gut durch. Teilen Sie ihn dann in 4 gleich große Stücke.

4 Waschen Sie die Wirsingblätter und tupfen Sie sie trocken. Legen Sie je einen Laib auf ein Wirsingblatt und belegen Sie jedes Brot mit einer Scheibe Speck. Bedecken Sie die Brote mit einem Küchentuch und lassen Sie sie für weitere 30 Minuten gehen.

5 Schneiden Sie die Teigoberfläche jetzt mit einem Messer leicht ein. Heizen Sie den Backofen auf 240 °C Ober-/Unterhitze vor und geben Sie etwa 150 ml auf den Ofenboden. Schließen Sie den Ofen wieder. Nach 10 Minuten lassen Sie den Wasserdampf entweichen und reduzieren die Hitze auf 180 °C. Nach weiteren 30 Minuten reduzieren Sie die Hitze erneut auf 120 °C und geben die Brote hinein. Backen Sie diese für etwa 25 Minuten.

TARTE MIT WIRSING

4 Port. | 1 Std. 15 Min. | Leicht

Zutaten

Für den Teig:
1 fertige Quiche oder 1 fertigen Tarte-Teig

Für die Füllung:
1 TL Kümmel
Etwas frisch gemahlener Pfeffer
Etwas Salz
75 g geriebener Cheddar
50 ml Milch
3 Eier
200 g saure Sahne
1 EL Öl
2 mittelgroße Zwiebeln
500 g Wirsing

Nährwerte p. P.

Ko354 kcal
33 g Kohlenhydrate
17 g Fett
16 g Eiweiß

1 Geben Sie den Teig auf Backpapier in eine Springform oder eine Quiche-/Tarteform. Heizen Sie den Ofen auf 175 °C Ober-/Unterhitze vor.

2 Waschen Sie den Wirsing gründlich und hacken Sie ihn. Schälen und würfeln Sie die Zwiebeln.

3 Erhitzen Sie das Öl in einer Pfanne und braten Sie Zwiebeln und Wirsing darin an. Ist das Gemüse weich, geben Sie den Kümmel dazu und verrühren die Menge.

4 Verquirlen Sie nun Eier, Milch und saure Sahne, würzen Sie die Menge mit Pfeffer und Salz. Geben Sie den Wirsing auf den Teigboden und gießen Sie die Eimischung darüber.

5 Bestreuen Sie die Menge mit dem geriebenen Käse. Backen Sie die Tarte dann für 60 Minuten im vorgeheizten Ofen.

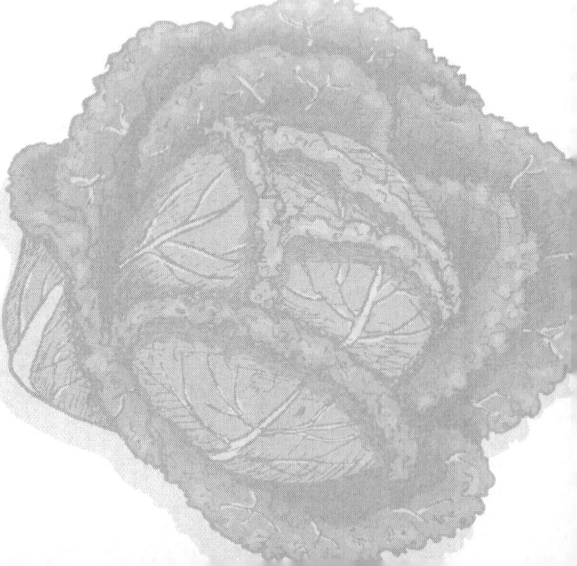

WIRSING-BAUERNFRÜHSTÜCK

4 Port. | 1 Std. 5 Min. | Leicht

Zutaten

1 Prise schwarzer Pfeffer aus der Mühle
1 TL Salz
4 Eier
60 ml Milch
1 Zwiebel
½ Bund gemischte Kräuter
2 EL Schmalz
200 g Wirsing
500 g festkochende Kartoffeln
80 g Schwarzwälder Schinken

Nährwerte p. P.

402 kcal
34 g Kohlenhydrate
18 g Fett
24 g Eiweiß

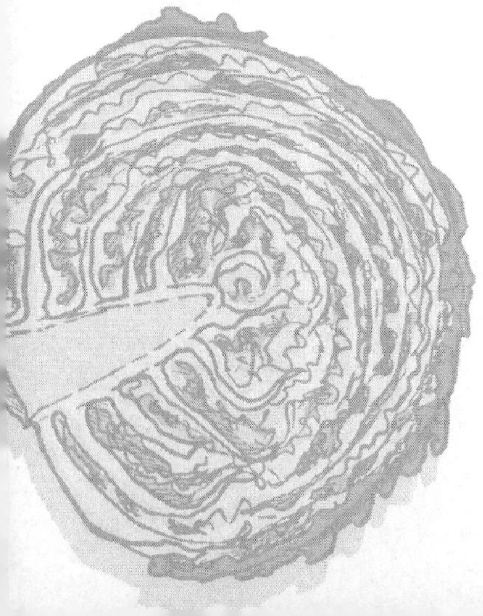

1 Waschen Sie zunächst die Kräuter, schütteln Sie sie trocken und zupfen Sie die Blätter ab. Geben Sie sie in einen Universalmesser (Zerkleinerer) und zerkleinern Sie sie (Stufe 16/15 Sek.). Nehmen Sie die Kräuter dann heraus und stellen Sie sie zur Seite.

2 Waschen Sie den Topf des Universalmessers aus. Würfeln Sie den Schinken und geben Sie ihn in den Topf. Braten Sie ihn für 7 Minuten bei 150 °C an. Nehmen Sie den Schinken heraus und geben Sie ihn in eine hitzebeständige Form.

3 Schälen und würfeln Sie die Kartoffeln. Setzen Sie jetzt den Zerkleinerungsaufsatz mit Wendeschneidscheibe nach oben ein. Schneiden Sie den Wirsing grob in Stücke, geben Sie ihn hinein und schließen Sie den Deckel. Zerkleinern Sie den Wirsing auf Stufe 6, nehmen Sie den Wirsing dann heraus.

4 Setzen Sie den 3D-Rührer ein und geben Sie den Schmalz in den Topf. Legen Sie den Deckel auf und setzen Sie den Messbecher ein. Zerlassen Sie den Schmalz bei Stufe 4 / 120 °C / 3 Minuten.

5 Geben Sie dann Wirsing und Kartoffeln dazu und dünsten Sie alles auf Stufe 4 / 120 °C/ 10 Minuten. Entnehmen Sie den 3D-Rührer und füllen Sie alles ebenso in die hitzebeständige Form um, vermischen Sie alles miteinander. Setzen Sie den Topf wieder in das Gerät.

6 Setzen Sie das Universalmesser ein, schälen und halbieren Sie die Zwiebel. Zerkleinern Sie die Zwiebel auf Stufe 14 / 10 Sekunden. Geben Sie jetzt die Milch dazu und fügen Sie auch Eier, etwas Salz, Pfeffer und die Hälfte der Kräuter hinzu. Schließen Sie den Deckel und mixen Sie alles auf Stufe 7 / 20 Sekunden.

7 Gießen Sie die Eiermasse in die hitzebeständige Form und streuen Sie die übrigen Kräuter darüber. Spannen Sie Frischhaltefolie über die Form.

8 Wählen Sie jetzt das Automatikprogramm für Dampfgaren aus und geben Sie 1 Liter Wasser in den Topf. Geben Sie den Dampfgaraufsatz auf den Topf und stellen Sie Ihre Form hinein. Legen Sie den Deckel auf und dämpfen Sie Ihr Bauernfrühstück für 30 Minuten.

Salate

WIRSING-SALAT MIT SENF

2 Port. | 15 Min. | Leicht

Zutaten

½ TL Salz
1 EL Schnittlauchröll-
chen
½ Kopf Wirsing

Für das Dressing:
2 EL Sonnenblumenöl
2 EL Wasser
1 EL mittelscharfer Senf
Pfeffer, Salz und Zucker
Etwas Essig

Nährwerte p. P.

53 kcal
1 g Kohlenhydrate
6 g Fett
0 g Eiweiß

1 Schneiden Sie zunächst den Strunk des Wirsings keilförmig ab und schneiden Sie den übrigen Wirsing in feine Streifen. Blanchieren Sie ihn kurz in kochendem Salzwasser, schrecken Sie ihn dann mit kaltem Wasser ab. Würzen Sie den Wirsing mit etwas Salz.

2 Geben Sie den Essig in eine Schüssel und rühren Sie Pfeffer, Salz, Zucker sowie Wasser und Senf hinein. Zuletzt verrühren Sie alles mit dem Sonnenblumenöl.

3 Vermischen Sie nun das Senf-Dressing mit dem Wirsing und verrühren Sie Ihren Salat mit den Schnittlauchröllchen.

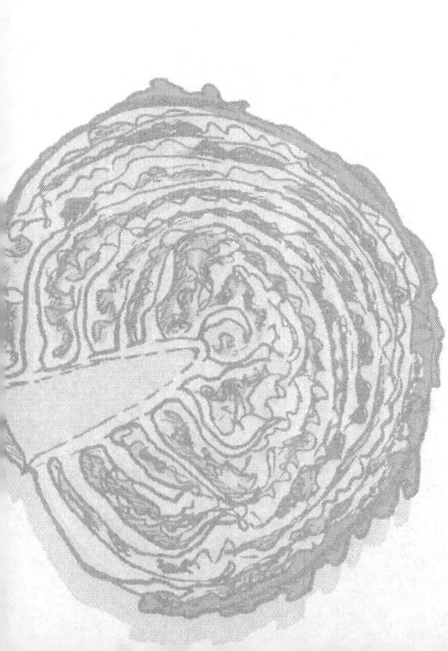

MÖHREN-WIRSING-SALAT

2 Port. 15 Min. Leicht

Zutaten

1 TL Zucker
1 Prise Kümmel
Pfeffer aus der Mühle
½ TL Jodsalz
2 EL Obstessig
1 TL scharfer Senf
4 EL saure Sahne
100 g Joghurt
2 Möhren
600 g Wirsing

Nährwerte p. P.

99 kcal
11 g Kohlenhydrate
2 g Fett
7 g Eiweiß

1 Befreien Sie den Wirsing zunächst von den äußeren Blättern und schneiden Sie den Strunk heraus. Schneiden Sie die übrigen Blätter in Streifen.

2 Verrühren Sie den Joghurt mit Zucker, Kümmel, Pfeffer, Salz, Essig, Senf sowie mit der sauren Sahne. Verkneten Sie nun den Wirsing mit dem Dressing.

3 Waschen Sie die Möhren, schälen Sie sie und raspeln Sie sie dann klein. Vermengen Sie die Raspel mit dem Wirsing. Lassen Sie den Salat etwas ziehen und schmecken Sie gegebenenfalls noch einmal ab.

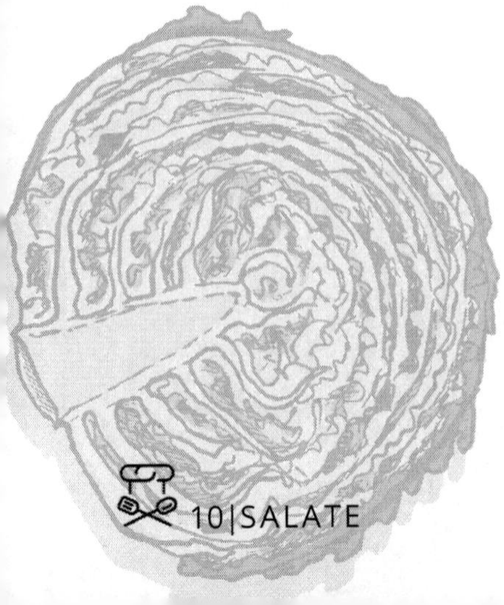

ORANGEN-NUSS-WIRSING-SALAT

2 Port. | 15 Min. | Leicht

Zutaten

1 ½ Orangen
1 EL Obstessig
Etwas Meersalz und Pfeffer
5 Basilikumblätter
250 g Wirsing
1 TL Olivenöl
1 TL Agavendicksaft
1 Schalotte
2 EL gehackte Walnüsse

Nährwerte p. P.

230 kcal
19 g Kohlenhydrate
19 g Fett
7 g Eiweiß

1 Waschen Sie den Wirsing und schneiden Sie den Strunk heraus. Entfernen Sie die äußeren Blätter und geben Sie die übrigen Blätter 30 Sekunden in sprudelnd kochendes Salzwasser. Gießen Sie den Wirsing ab und lassen Sie ihn abtropfen. Spülen Sie die Blätter kalt ab und tupfen Sie sie trocken, schneiden Sie sie dann in Streifen.

2 Schälen Sie die ganze Orange und entfernen Sie die Haut. Teilen Sie sie in die Filets. Pressen Sie dann die halbe Orange aus und geben Sie den Saft mit Pfeffer, Salz, Agavendicksaft, Essig und Öl zusammen.

3 Schälen und würfeln Sie die Schalotte und geben Sie sie dazu. Richten Sie nun den Wirsing und die Orangenfilets auf Tellern an und träufeln Sie ihr Dressing darüber.

4 Waschen Sie die Basilikumblätter und garnieren Sie Ihre Teller mit Basilikum und gehackten Walnüssen.

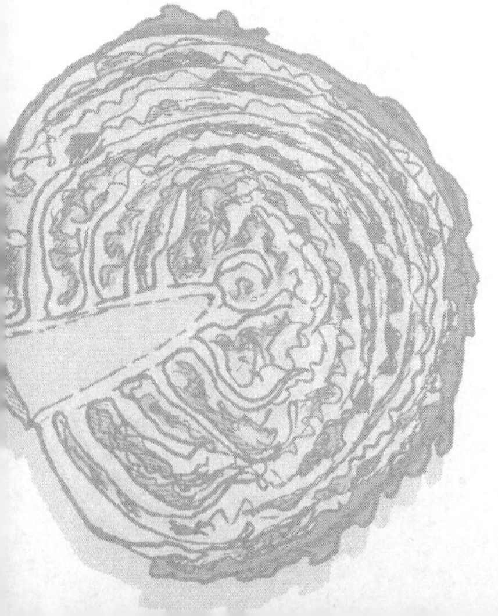

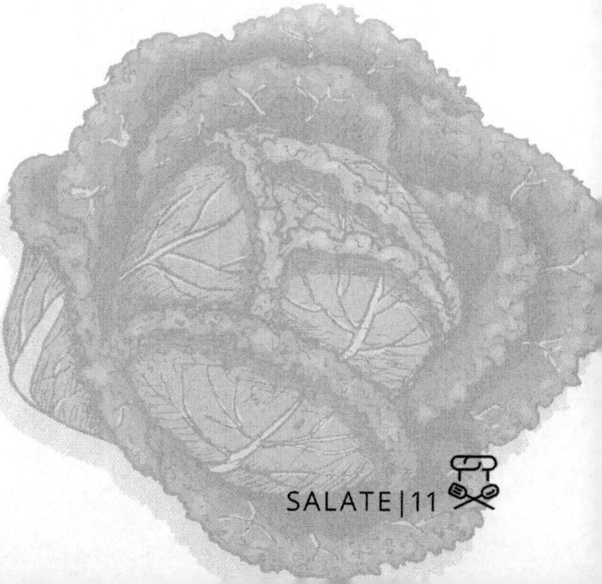

WIRSINGSALAT GRIECHISCHER ART

4 Port. 30 Min. Leicht

Zutaten

Etwas Pfeffer
50 g schwarze Oliven
150 g Feta
250 g Gurken
50 g rote Zwiebeln
½ TL getrockneter Oregano
1 Knoblauchzehe
2 EL Wasser
1 TL Gemüsebrühe
4 EL Olivenöl
1 TL Senf
300 g Grapefruit
1 EL Rapsöl
300 g Wirsing

Nährwerte p. P.

325 kcal
12 g Kohlenhydrate
26 g Fett
9 g Eiweiß

1 Waschen Sie den Wirsing, entfernen Sie die äußeren Blätter und schneiden Sie den Strunk heraus. Schneiden Sie die übrigen Blätter in Streifen. Schälen und hacken Sie den Knoblauch.

2 Erhitzen Sie das Öl in einer Pfanne und braten Sie Knoblauch und Wirsing für 3 Minuten darin an. Schälen Sie die Grapefruit und entfernen Sie die Haut, trennen Sie sie dann in Spalten. Pressen Sie den übrigen Saft aus der Frucht in eine Schüssel.

3 Verrühren Sie den Saft mit Senf, geben Sie das Olivenöl dazu und verrühren Sie die Menge gründlich. Geben Sie die Grapefruit-Spalten dazu und schmecken Sie mit dem Oregano ab.

4 Geben Sie das Wasser in einen Topf, bringen Sie es zum Kochen, und rühren Sie die Gemüsebrühe hinein. Geben Sie die Menge dann zum Dressing und verrühren Sie alles miteinander.

5 Schälen Sie die Zwiebeln und schneiden Sie sie in Ringe. Waschen Sie die Gurken und schneiden Sie sie in Scheiben. Würfeln Sie den Feta und hacken Sie die Oliven grob. Vermischen Sie nun alles mit dem Grapefruit-Dressing. Zuletzt schmecken Sie mit Pfeffer ab.

6 Nach Bedarf können Sie frisches Fladenbrot dazu servieren.

WIRSINGSALAT MIT SCHNITTLAUCH

4 Port. | 30 Min. | Leicht

Zutaten

2 EL Weißweinessig
Pfeffer und Salz
½ Kopf Wirsing
1 TL scharfer Senf
1 Prise Zucker
4 EL Rapskernöl
2 EL Schnittlauch in Röllchen
1 EL Wasser

Nährwerte p. P.

117 kcal
3 g Kohlenhydrate
10 g Fett
2 g Eiweiß

1 Verrühren Sie den Essig und das Öl mit Senf, Pfeffer und Salz, 1 EL Wasser sowie Zucker zu einem Dressing.

2 Waschen Sie den Wirsing, entfernen Sie den Strunk und schneiden Sie die Blätter in feine Streifen. Bestreuen Sie die Streifen mit etwas Salz und kneten Sie die Menge kräftig mit den Händen durch. Vermischen Sie den Wirsing mit dem Dressing und rühren Sie dann den Schnittlauch unter die Menge.

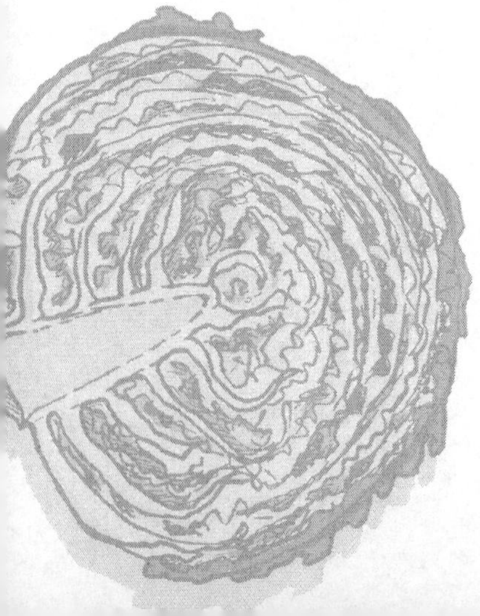

WIRSINGSALAT MIT KRABBEN, LAUWARM

4 Port. | 1 Std. | Leicht

Zutaten

Petersilie zum Garnieren
Pfeffer und Zucker
2 EL Zitronensaft
3 EL Weinessig
1 Bund Schnittlauch
250 g Kirschtomaten
100 g geräucherter, durchwachsener Speck
Etwas Salz
1 Kopf Wirsing
Etwas Wasser
200 g Tiefsee-Krabben

Nährwerte p. P.

270 kcal
8 g Kohlenhydrate
18 g Fett
16 g Eiweiß

1 Waschen Sie zunächst den Wirsing, entfernen Sie die äußeren Blätter und schneiden Sie den Strunk heraus. Schneiden Sie die übrigen Blätter in Streifen und blanchieren Sie sie kurz in kochendem Salzwasser. Schrecken Sie sie kalt ab und lassen Sie sie abtropfen. Schneiden Sie den Speck in Würfel und waschen und halbieren Sie die Tomaten.

2 Waschen Sie den Schnittlauch. Lassen Sie den Speck in einer Pfanne aus, nehmen Sie ihn heraus und geben Sie Zitronensaft und Essig in das Bratfett. Löschen Sie die Menge mit etwas Wasser ab und würzen Sie mit Zucker, Pfeffer und Salz. Geben Sie den Schnittlauch dazu.

3 Spülen Sie die Krabben ab und vermischen Sie sie mit dem Speck, den Tomaten sowie dem Wirsing. Jetzt geben Sie das Dressing über die Menge, verrühren alles miteinander und lassen den Salat etwas ziehen. Würzen Sie nach Bedarf nach und garnieren Sie mit der Petersilie.

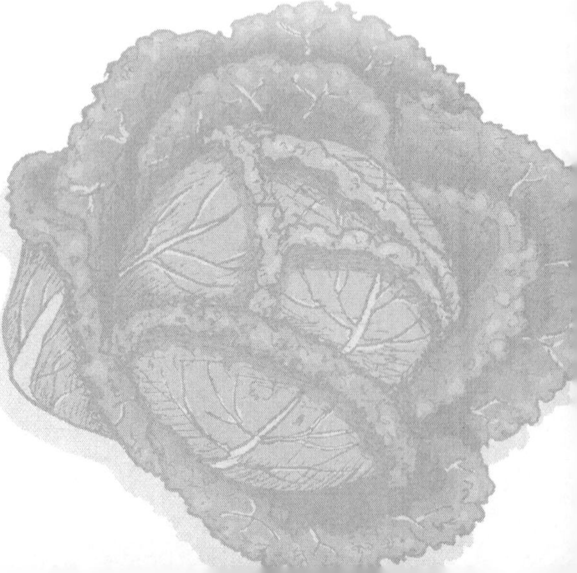

SALAT MIT BIRNE, WIRSING UND ZWIEBELN

4 Port. | 25 Min. | Leicht

Zutaten

5 Stangen Petersilie
250 g feste Birnen
15 g körniger Senf
1 EL Zitronensaft
Pfeffer und Salz
1 Zwiebel
250 g Wirsing
150 g saure Sahne
1 TL Honig

Nährwerte p. P.

221 kcal
9 g Kohlenhydrate
18 g Fett
6 g Eiweiß

1 Waschen Sie den Wirsing, entfernen Sie den Strunk und schneiden Sie die Blätter in Stücke. Waschen und schälen Sie die Birnen und schneiden Sie sie grob in Würfel.

2 Schälen und würfeln Sie die Zwiebel und braten Sie sie in einer Pfanne für 3 Minuten an. Löschen Sie die Menge mit der sauren Sahne ab und würzen Sie mit Pfeffer und Salz.

3 Geben Sie dann den Zitronensaft sowie den Honig dazu und rühren Sie auch den Senf hinein.

4 Nun fügen Sie die Birnen- sowie die Wirsingstücke hinzu und lassen die Menge bei niedriger Hitze leicht köcheln.

5 Währenddessen waschen und hacken Sie die Petersilie.

6 Nehmen Sie die Pfanne nach 10 Minuten vom Herd und lassen Sie die Menge abkühlen. Füllen Sie sie dann in eine Schüssel um und garnieren Sie Ihren Salat mit der Petersilie.

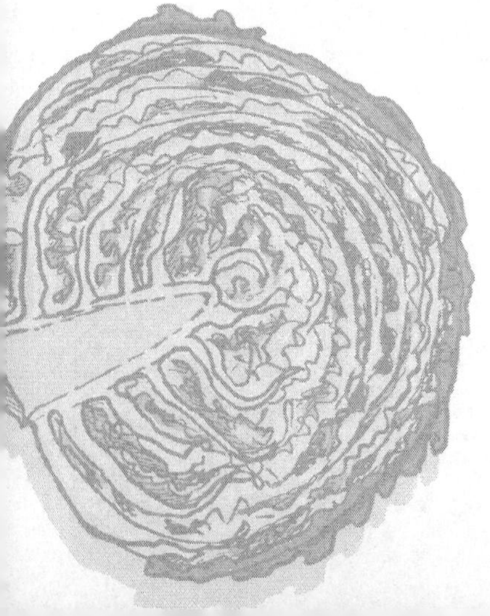

WIRSING-PASTINAKE-SALAT

4 Port. 50 Min. Leicht

Zutaten

2 Orangen
3 EL Weißweinessig
450 g Wirsing
100 g Hirse
Pfeffer und Meersalz
2 TL Honig
3 EL Olivenöl
400 g Pastinaken

Nährwerte p. P.

310 kcal
14 g Kohlenhydrate
11 g Fett
9 g Eiweiß

1 Heizen Sie den Ofen auf 180 °C Ober- /Unterhitze vor. Schälen Sie die Pastinaken und schneiden Sie sie in Streifen. Geben Sie die Streifen mit Pfeffer, Salz, 1 TL Honig und 2 EL Öl in eine Schüssel und verrühren Sie die Menge gründlich.

2 Geben Sie die Pastinakenstreifen auf ein Backblech mit Backpapier und backen Sie sie für etwa 40 Minuten. Bereiten Sie währenddessen die Hirse nach Anleitung vor.

3 Waschen Sie den Wirsing, entfernen Sie den Strunk und schneiden Sie die Blätter in Streifen. Geben Sie 2 EL Essig und 1 TL Salz über den Wirsing und kneten Sie den Wirsing dann für 3 Minuten mit den Händen.

4 Schälen Sie die Orangen und entfernen Sie die Haut. Schneiden Sie die Orangen in Scheiben und fangen Sie den austretenden Saft auf.

5 Vermischen Sie die fertige Hirse mit 1 EL Öl, 1 TL Honig, 1 EL Weißweinessig, etwas Pfeffer und Salz. Servieren Sie den Wirsingsalat mit Pastinakenstreifen und Orangenscheiben.

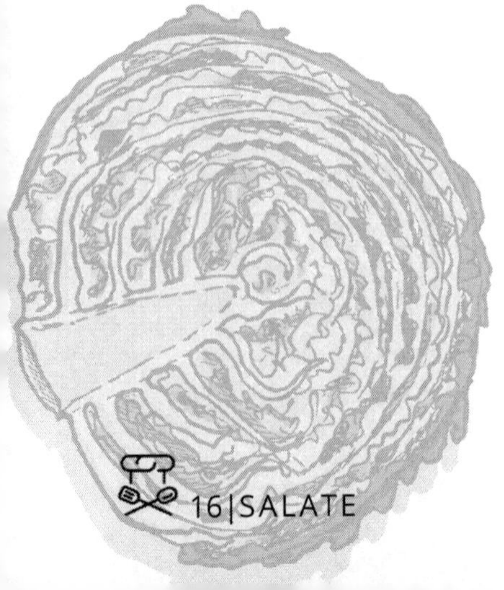

FRUCHTIGER SALAT MIT NÜSSEN UND WIRSING

2 Port. 1 Std. Leicht

Zutaten

4 EL Granatapfelkerne
1 EL heller Balsamicoessig
1 EL Honig
1 EL mittelscharfer Senf
Pfeffer aus der Mühle
3 EL Olivenöl
45 g Walnusskerne
1 Apfel
2 rote Zwiebeln
500 g Wirsing
Salz

Nährwerte p. P.

529 kcal
30 g Kohlenhydrate
38 g Fett
12 g Eiweiß

1 Waschen Sie den Wirsing, lösen Sie die Blätter ab und entfernen Sie die Blattstiele. Trocknen und schneiden Sie die Blätter klein. Salzen Sie den Wirsing und lassen Sie ihn für 20 Minuten ziehen.

2 Schälen Sie die Zwiebeln und schneiden Sie sie in Streifen. Waschen Sie den Apfel, vierteln Sie ihn, entfernen Sie die Kerne und schneiden Sie den Apfel in dünne Scheiben.

3 Hacken Sie jetzt die Walnusskerne grob und rösten Sie sie ohne Fett in einer Pfanne. Verrühren Sie Essig, Honig, Senf, Pfeffer, Salz und Olivenöl zu einem Dressing.

4 Lassen Sie den Wirsing in einem Sieb abtropfen und geben Sie ihn zum Dressing. Fügen Sie auch die Zwiebeln hinzu und verrühren Sie die Menge.

5 Richten Sie den Salat auf Tellern an und garnieren Sie mit Apfelscheiben, Granatapfelkernen und Walnüssen.

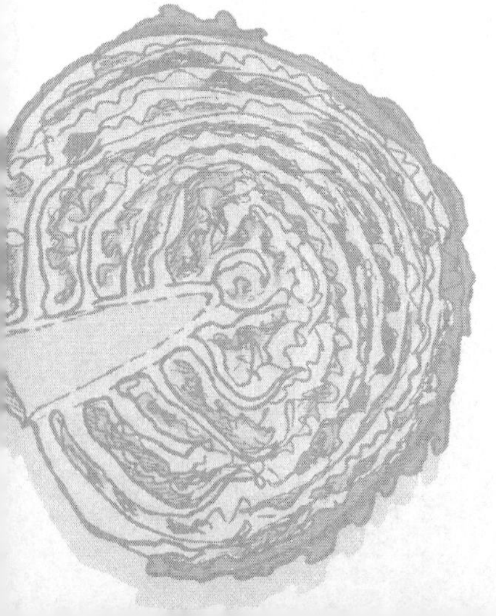

ROHKOSTSALAT MIT WIRSING, APFEL UND SCHMAND

2 Port. | 2 Std. 15 Min. | Leicht

Zutaten

Etwas Obstessig
Etwas Paprikapulver
Etwas Kräutersalz
Etwas Olivenöl
1 großer Apfel
1 EL Salatkräuter
1 TL Senf
200 g Schmand
1 kleiner Kopf Wirsing

Nährwerte p. P.

250 kcal
10 g Kohlenhydrate
22 g Fett
5 g Eiweiß

1 Waschen Sie den Wirsing, entfernen Sie den Strunk und schneiden Sie die Blätter in sehr kleine Streifen. Waschen Sie den Apfel und schneiden Sie ihn in sehr kleine Würfel.

2 Geben Sie beides in eine Schüssel und mischen Sie auch die übrigen Zutaten dazu. Stellen Sie den Salat für 2 Stunden im Kühlschrank kalt. Bestreuen Sie ihn vor dem Servieren mit frischen Kräutern.

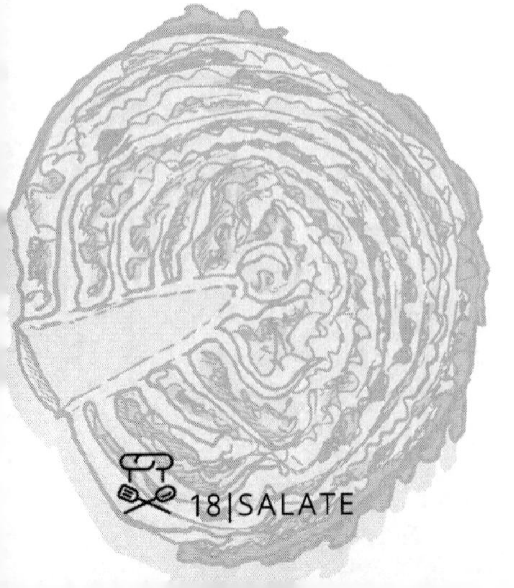

Suppen und Eintöpfe

WIRSING-KARTOFFEL-SUPPE

4 Port. | 45 Min. | Leicht

Zutaten

1 Stange Lauch
600 g mehlige Kartoffeln
Etwas Salz
600 g Wirsing
8 Scheiben durchwachsener, geräucherter Speck
1 Stange Staudensellerie
1250 ml Hühnerbrühe
Frisch geriebene Muskatnuss
Etwas Pfeffer

Nährwerte p. P.

270 kcal
25 g Kohlenhydrate
14 g Fett
10 g Eiweiß

1 Geben Sie zunächst den Speck in eine Pfanne und braten Sie ihn unter Rühren knusprig an. Waschen Sie den Lauch und schneiden Sie ihn in Ringe. Waschen Sie den Sellerie und schneiden Sie ihn in Scheiben. Waschen, schälen und würfeln Sie die Kartoffeln. Nehmen Sie den Speck wieder aus der Pfanne.

2 Geben Sie jetzt die Kartoffeln, den Lauch und den Sellerie in das Speckfett und dünsten Sie alles für 5 Minuten an. Löschen Sie dann mit der Brühe ab und kochen Sie die Menge auf. Lassen Sie sie für 15 Minuten köcheln und würzen Sie anschließend mit Muskat und Salz.

3 Waschen Sie den Wirsing und entfernen Sie die äußeren Blätter sowie den Strunk. Schneiden Sie die Blätter klein und geben Sie sie zur Suppe. Kochen Sie die Menge erneut auf und lassen Sie sie weitere 12 Minuten köcheln. Schmecken Sie dann mit Pfeffer und Salz ab und geben Sie den Speck wieder dazu.

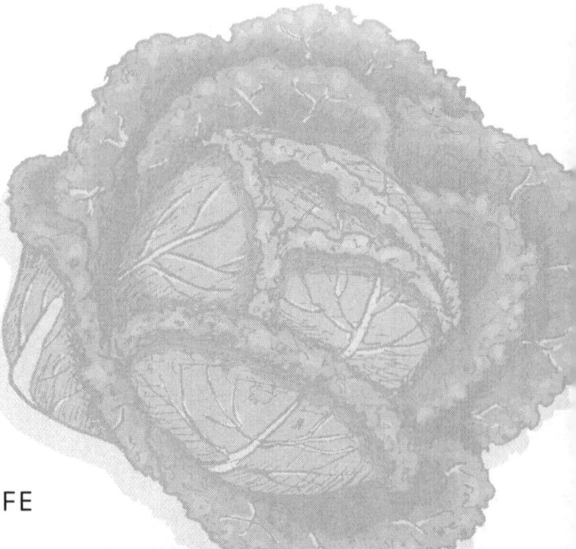

WIRSING-CREME-SUPPE

4 Port. | 1 Std. | Leicht

Zutaten

Je 1 Prise Pfeffer und Salz
3 EL Crème fraîche
1 Liter klare Gemüsebrühe
800 g Wirsing
2 Zwiebeln
2 EL Öl
200 g Kartoffeln
1 Prise Kümmel
1 Prise Zucker

Nährwerte p. P.

198 kcal
18 g Kohlenhydrate
6 g Fett
8 g Eiweiß

1 Schälen und hacken Sie zunächst die Zwiebeln und dünsten Sie sie in einem Topf in Öl an.

2 Waschen Sie den Wirsing und entfernen Sie den Strunk sowie die äußeren Blätter, schneiden Sie die Blätter dann in Streifen und geben Sie sie zu den Zwiebeln.

3 Dünsten Sie die Menge kurz an und gießen Sie dann mit der Brühe auf. Würzen Sie hier mit Pfeffer, Salz, Kümmel und Zucker.

4 Schälen und würfeln Sie nun die Kartoffeln und geben Sie diese nach 20 Minuten zur Suppe. Lassen Sie alles für weitere 20 Minuten köcheln.

5 Zuletzt rühren Sie die Crème fraîche in die Suppe, pürieren die Menge mit einem Stabmixer und schmecken erneut mit den Gewürzen ab.

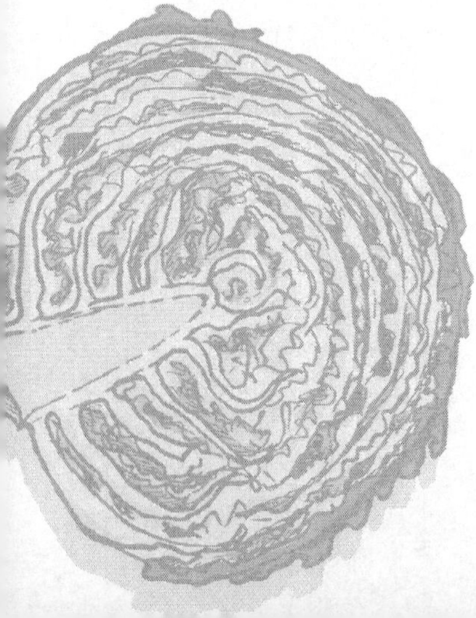

CREMIGE SUPPE MIT WIRSING UND KOKOS

4 Port. 55 Min. Leicht

Zutaten

6 Kirschtomaten
1 Hähnchenbrustfilet
½ TL Chiliflocken
Etwas Salz
Pfeffer aus der Mühle
200 ml Kokosmilch, ungesüßt
600 ml Gemüsebrühe
4 EL Pflanzenöl
1 Zwiebel
1 kleines Stück Ingwer
600 g Wirsing

Nährwerte p. P.

295 kcal
7 g Kohlenhydrate
22 g Fett
18 g Eiweiß

1 Waschen Sie den Wirsing und entfernen Sie äußere, trockene Blätter. Schneiden Sie den Strunk heraus. Schneiden Sie die übrigen Blätter in feine Streifen. Schälen Sie Ingwer und Zwiebel und würfeln Sie beides. Erhitzen Sie 2 EL Öl in einem Topf und schwitzen Sie Ingwer- und Zwiebelwürfel darin an. Geben Sie dann den Wirsing dazu und gießen Sie mit der Brühe auf.

2 Geben Sie jetzt die Kokosmilch dazu und würzen Sie mit den Chiliflocken sowie mit Salz und Pfeffer. Lassen Sie die Suppe bei mittlerer Hitze etwa 20 Minuten köcheln. Währenddessen waschen Sie das Fleisch, tupfen es trocken und schneiden es ebenfalls in feine Streifen.

3 Geben Sie das übrige Öl in eine Pfanne und braten Sie das Fleisch darin rundherum an. Würzen Sie es mit Pfeffer und Salz und nehmen Sie die Pfanne vom Herd.

4 Übergießen Sie die Tomaten mit heißem Wasser, schrecken Sie sie ab und schneiden Sie sie in Würfel. Nehmen Sie 4 EL Wirsing aus dem Topf und pürieren Sie die Suppe mit einem Stabmixer. Geben Sie den Wirsing zurück in den Topf und legen Sie das Fleisch sowie die Tomaten darauf. Schmecken Sie vor dem Servieren noch einmal ab.

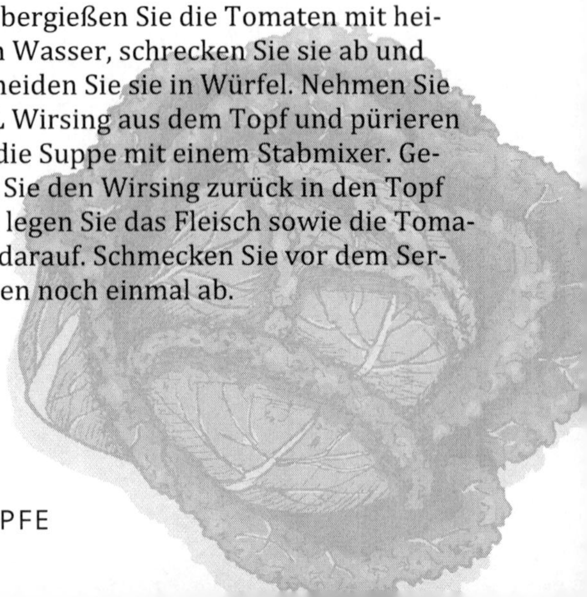

GEMÜSE-EINTOPF

4 Port. 40 Min. Leicht

Zutaten

Etwas Kristallsalz und Pfeffer aus der Mühle
Je 2 EL gehackte Petersilie und Liebstöckel
1 TL gehackter Majoran
1 Liter Gemüsebrühe
2 Lorbeerblätter
2 EL Erdnussöl
60 g Lauch
100 g Knollensellerie
250 g Wirsing
300 g Karotten
300 g mehligkochende Kartoffeln
120 g Zwiebeln

Nährwerte p. P.

209 kcal
36 g Kohlenhydrate
3 g Fett
9 g Eiweiß

1 Schälen und hacken Sie die Zwiebeln, schälen Sie die Kartoffeln und schneiden Sie diese in Würfel. Waschen Sie die Karotten und schneiden Sie sie in feine Scheiben. Lauch und Knollensellerie ebenfalls waschen und dann in kleine Stücke schneiden. Waschen Sie den Wirsing, entfernen Sie den Strunk sowie trockene Blätter und schneiden Sie ihn ebenfalls in Stücke.

2 Erhitzen Sie anschließend das Erdnussöl in einem Topf und dünsten Sie die Zwiebeln darin an. Geben Sie das Gemüse sowie die Lorbeerblätter dazu und schmoren Sie alles für etwa 5 Minuten. Löschen Sie die Menge dann mit der Gemüsebrühe ab und lassen Sie sie für 15 Minuten auf mittlerer Stufe leicht köcheln.

3 Währenddessen waschen und hacken Sie Petersilie, Majoran und Liebstöckel. Nach den 15 Minuten entfernen Sie die Lorbeerblätter und schmecken den Eintopf mit den Kräutern sowie mit Salz und Pfeffer ab.

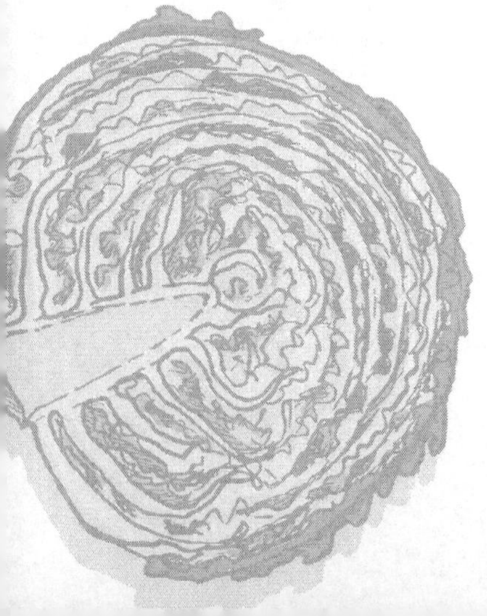

WIRSING-SUPPE AUS DEM THERMOMIX

4 Port. | 55 Min. | Leicht

Zutaten

Pfeffer und Salz
2 TL Honig
2 EL Zitronensaft
100 g Doppelrahm-Frischkäse
½ Bund Petersilie
200 g Cabanossi
1 EL Gemüsebrühepulver
1 Liter Wasser
500 g Kartoffeln
400 g Wirsing

Nährwerte p. P.

385 kcal
30 g Kohlenhydrate
22 g Fett
19 g Eiweiß

1 Waschen Sie den Wirsing und entfernen Sie den Strunk sowie die äußeren Blätter. Schneiden Sie ihn dann in grobe Stücke. Geben Sie den Wirsing in einen Mixer und hacken Sie die Menge klein.

2 Schälen Sie die Kartoffeln, schneiden Sie sie klein und geben Sie sie in den Mixer. Füllen Sie mit dem Wasser auf und geben Sie auch Gemüsebrühepulver, Pfeffer und Salz sowie den Frischkäse dazu hinein.

3 Kochen Sie die Menge 25 Minuten auf 100 °C/Stufe 1.

4 Schneiden Sie währenddessen die Cabanossi in Scheiben, waschen und hacken Sie die Petersilie. Legen Sie von beiden Zutaten ein wenig für später zur Seite. Den Rest geben Sie in den Mixtopf und mixen die Menge für 10 Sekunden bei Linkslauf/Stufe 5. Schmecken Sie anschließend mit Honig, Zitronensaft, Pfeffer und Salz ab.

5 Zuletzt garnieren Sie mit den übrigen Cabanossi und der Petersilie.

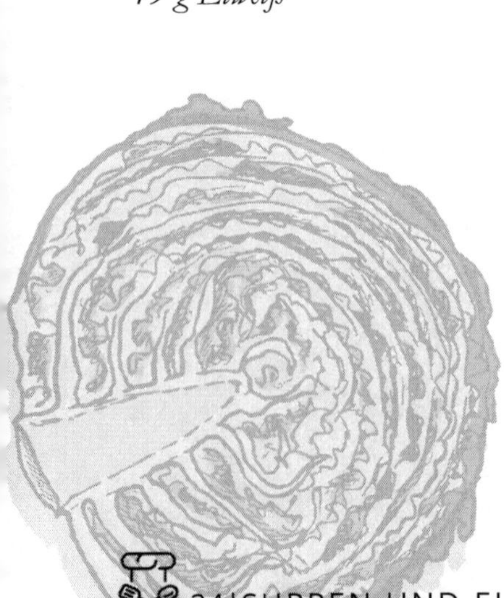

BROTSUPPE MIT KNOBLAUCH UND WIRSING

4 Port. 25 Min. Leicht

Zutaten

2 Zwiebeln
150 g Knollensellerie
200 g Karotten
300 g Wirsing
2 EL Olivenöl
3 Knoblauchzehen
15 g Petersilie
1 Liter Gemüsebrühe
2 EL Tomatenmark
2 TL Salz
½ TL Kümmel
320 g Brot
800 g gehackte Tomaten
1 TL Thymian
½ TL gemahlener Kümmel

Nährwerte p. P.

395 kcal
51 g Kohlenhydrate
12 g Fett
12 g Eiweiß

1 Schälen Sie die Zwiebeln und würfeln Sie Zwiebeln sowie Sellerie. Schälen Sie den Knoblauch und schneiden Sie Knoblauch und Karotten in dünne Scheiben. Entfernen Sie die harten Rippen der Wirsingblätter und schneiden Sie den Rest in dünne Streifen. Hacken Sie die Petersilie und legen Sie etwas davon für später zur Seite.

2 Erhitzen Sie das Öl in einem Topf und schwitzen Sie das Gemüse darin für 3 Minuten an. Fügen Sie dann die Gewürze sowie Salz, Tomatenmark, Tomaten und Brühe hinzu. Legen Sie einen Deckel auf und lassen Sie die Menge für 20 Minuten köcheln, rühren Sie zwischendurch um.

3 Zupfen Sie nun das Brot in mundgerechte Stücke und heben Sie es unter die Suppe. Lassen Sie alles bei niedriger Hitze für 3 Minuten ziehen.

4 Zuletzt garnieren Sie mit der übrigen Petersilie.

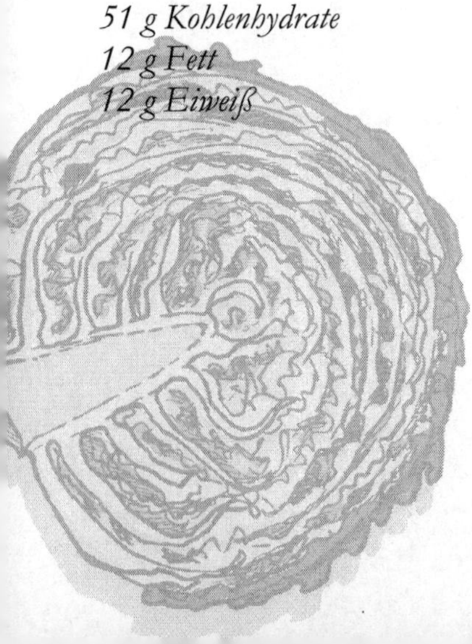

EINTOPF MIT WIRSING UND STECKRÜBEN

6 Port. | 2 Std. 45 Min. | Leicht

Zutaten

Etwas Pfeffer und Salz
5 Stiele Petersilie
2 Stiele Salbei
1 EL Butter
20 g Panko-Brösel
100 g Perlgraupen
2 g Weißweinessig
2 EL flüssiger Honig
2 EL Zitronenabrieb
2 Streifen Thymian
2 Stiele Staudensellerie
1 Stange Lauch
1 Handvoll Tomaten
2 EL Butterschmalz
400 g Wirsing
400 g Steckrüben
300 g gestückelte Lammknochen (etwa 4 cm breit)
2 Lorbeerblätter
800 g Lammkeule
100 g Zwiebeln

Nährwerte p. P.

480 kcal
22 g Kohlenhydrate
29 g Fett
29 g Eiweiß

1 Halbieren Sie die Zwiebeln und rösten Sie sie mit der Schnittfläche nach unten in einer Pfanne goldbraun. Befreien Sie das Lammfleisch von Sehnen und Fett und schneiden Sie es in Würfel. Geben Sie 1,5 Liter Wasser sowie 1 EL Salz, Knochen, Lorbeerblätter, Zwiebeln und Fleisch in einen Topf, kochen Sie die Menge auf und lassen Sie sie 45 Minuten lang garen.

2 Schälen und würfeln Sie die Steckrüben. Waschen Sie den Wirsing, entfernen Sie den Strunk und schneiden Sie die Blätter in Streifen. Geben Sie das Butterschmalz in eine Pfanne und rösten Sie den Wirsing etwa 4 Minuten lang darin, nehmen Sie ihn dann aus der Pfanne.

3 Schneiden Sie jetzt die Tomaten in Würfel, waschen Sie den Lauch und schneiden Sie ihn in Ringe. Waschen und entfädeln Sie den Sellerie und schneiden Sie ihn in zarte Scheiben.

4 Geben Sie Wirsing und Rüben zum Eintopf und garen Sie alles für 1 weitere Stunde. Nach 30 Minuten geben Sie Essig, Honig, Zitronenabrieb, Thymian, Lauch, Sellerie und Tomaten dazu.

5 Garen Sie die Graupen währenddessen wie üblich in Salzwasser bissfest. Gießen Sie die Graupen ab, schrecken Sie sie ab und geben Sie sie für die letzten 10 Minuten zum Eintopf dazu.

6 Erhitzen Sie die Butter in einer Pfanne und rösten Sie die Brösel darin an. Zupfen Sie die Blätter von Petersilie und Salbei, hacken Sie sie klein und mischen Sie sie unter die Brösel. Würzen Sie mit Pfeffer und Salz.

7 Schmecken Sie jetzt auch den Eintopf mit Pfeffer und Salz ab. Entfernen Sie Thymianstiele, Zwiebeln und Knochen. Servieren Sie Ihren Eintopf mit den Bröseln.

SCHNELLER EINTOPF MIT SPECKWÜRFELN

3 Port. | 50 Min. | Leicht

Zutaten

Salz und schwarzer Pfeffer
250 ml Brühe
Etwas Butter
Speckwürfel nach Bedarf
1 kleine Zwiebel
4 Kartoffeln
1 Kopf Wirsing

Nährwerte p. P.

370 kcal
20 g Kohlenhydrate
18 g Fett
17 g Eiweiß

1 Blätter und schneiden Sie sie in Streifen. Schälen und würfeln Sie die Kartoffeln sowie die Zwiebel.

2 Erhitzen Sie jetzt die Butter in einem Topf und braten Sie Speck- und Zwiebelwürfel darin an. Geben Sie dann den Wirsing sowie die Kartoffeln dazu. Gießen Sie jetzt mit der Brühe an.

3 Legen Sie den Deckel auf und lassen Sie alles für 20 Minuten bei mittlerer Hitze köcheln. Rühren Sie zwischendurch um und würzen Sie mit Pfeffer und Salz.

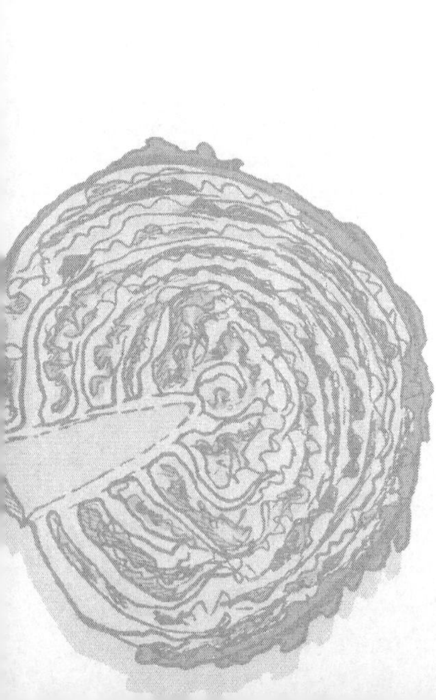

HACKFLEISCH-WIRSING-EINTOPF

4 Port. 50 Min. Leicht

Zutaten

4 TL saure Sahne
1 Prise Jodsalz mit Fluorid
1 Prise gemahlener Pfeffer
1 Prise Zucker
2 TL gemahlenes Paprikapulver
1 Liter Gemüsebrühe
3 EL Tomatenmark
250 g Rinderhackfleisch
1 EL Rapsöl
2 Knoblauchzehen
2 Zwiebeln
1 kg Kartoffeln
600 g Wirsing

Nährwerte p. P.

366 kcal
38 g Kohlenhydrate
12 g Fett
21 g Eiweiß

1 Waschen Sie den Wirsing und entfernen Sie die äußeren Blätter sowie den Strunk. Zupfen Sie die übrigen Blätter ab und waschen Sie sie erneut gründlich. Schneiden Sie die Blätter dann in Streifen.

2 Schälen und würfeln Sie die Kartoffeln sowie die Zwiebeln. Schälen und hacken Sie den Knoblauch.

3 Erhitzen Sie jetzt 1 EL Rapsöl in einem großen und breiten Topf und dünsten Sie Zwiebeln und Knoblauch 3 Minuten lang darin an. Geben Sie das Hackfleisch dazu und braten Sie es unter Rühren krümelig. Geben Sie das Tomatenmark dazu und rösten Sie es an. Fügen Sie Wirsing und Kartoffeln hinzu. Gießen Sie mit der Brühe an und rühren Sie Paprikapulver und Zucker dazu.

4 Decken Sie den Topf ab und lassen Sie den Eintopf für 30 Minuten bei mittlerer Hitze garen. Rühren Sie zwischendurch um. Zuletzt schmecken Sie mit Pfeffer und Jodsalz ab. Verteilen Sie den Eintopf auf die Teller und garnieren Sie mit der sauren Sahne. Bestäuben Sie das Ganze mit etwas Paprikapulver.

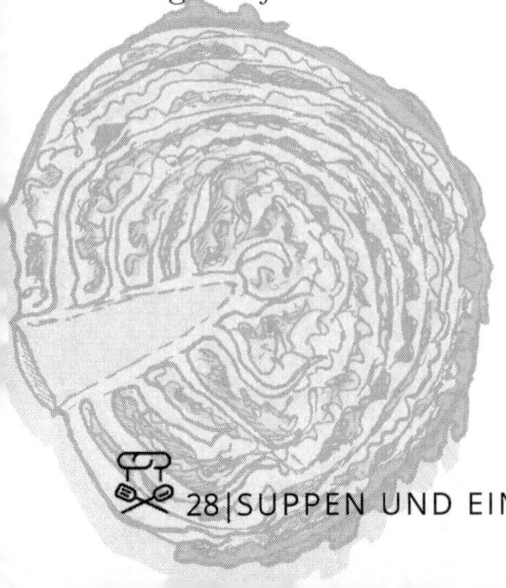

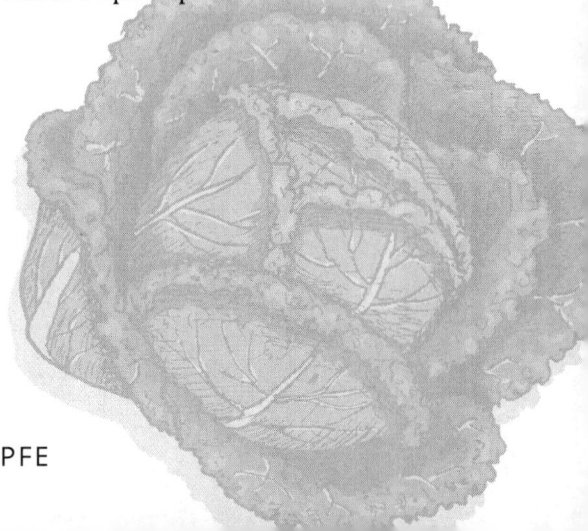

Rezepte mit Fleisch

HACK-WIRSING-PFANNE

4 Port. 25 Min. Leicht

Zutaten

Etwas Parmesan
Pfeffer und Salz
150 g Crème légère
150 ml Gemüsebrühe
150 g Bandnudeln
250 g Rinderhackfleisch
1 EL Butter
½ Zitrone
1 Zwiebel
450 g Wirsing

Nährwerte p. P.

412 kcal
40 g Kohlenhydrate
20 g Fett
20 g Eiweiß

1 Entfernen Sie zunächst die Außenblätter des Wirsings, halbieren Sie den Kopf und schneiden Sie den Strunk heraus. Schneiden Sie die übrigen Blätter in Streifen. Schälen und hacken Sie die Zwiebel. Waschen Sie die Zitrone, reiben Sie die Schale ab und pressen Sie den Saft aus.

2 Kochen Sie die Bandnudeln wie üblich in Salzwasser gar. Geben Sie den Wirsing für etwa die letzten 6 Minuten dazu.

3 Erhitzen Sie die Butter in einer Pfanne und braten Sie das Hackfleisch sowie die Zwiebeln darin an. Geben Sie dann die Crème légère, die Brühe, den Zitronensaft und den -abrieb dazu. Verrühren Sie alles gründlich und schmecken Sie mit Pfeffer und Salz ab.

4 Nun geben Sie die Nudeln sowie den Wirsing in die Pfanne. Reiben Sie zuletzt den Parmesan über die Menge.

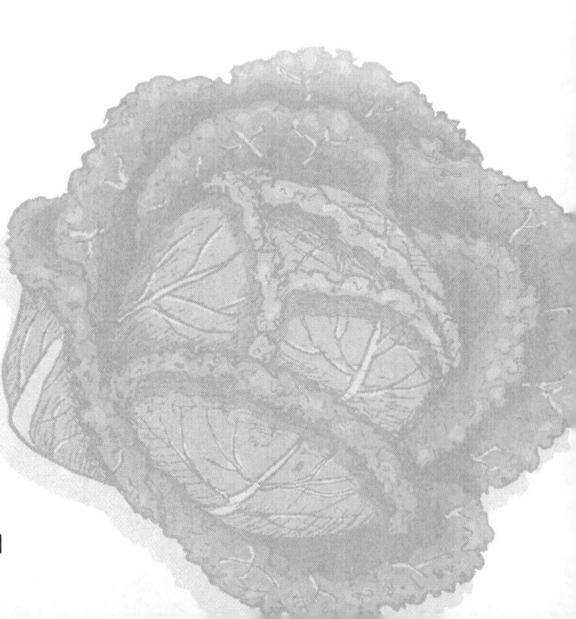

WIRSING MIT GEBRATENEM SPECK

4 Port. | 20 Min. | Leicht

Zutaten

2 EL Butter
100 ml Gemüsebrühe
1 Kopf Wirsing
120 g Frühstücksspeck
1 Prise Salz
Muskat und Kümmel

Nährwerte p. P.

200 kcal
5 g Kohlenhydrate
15 g Fett
10 g Eiweiß

1 Befreien Sie den Wirsing zunächst von den äußeren Blättern, vierteln Sie den Kopf und entfernen Sie den Strunk. Schneiden Sie die übrigen Blätter in Streifen und spülen Sie sie gründlich ab.

2 Schneiden Sie jetzt den Speck in kleine Würfel. Erhitzen Sie die Butter in einer Pfanne und braten Sie den Speck darin unter Rühren an, bis er zu bräunen beginnt. Geben Sie den Wirsing dazu und gießen Sie mit der Gemüsebrühe an.

3 Würzen Sie mit Kümmel, Muskat und Salz. Decken Sie die Pfanne ab und lassen Sie alles für 8 Minuten schmoren. Rühren Sie zwischendurch um.

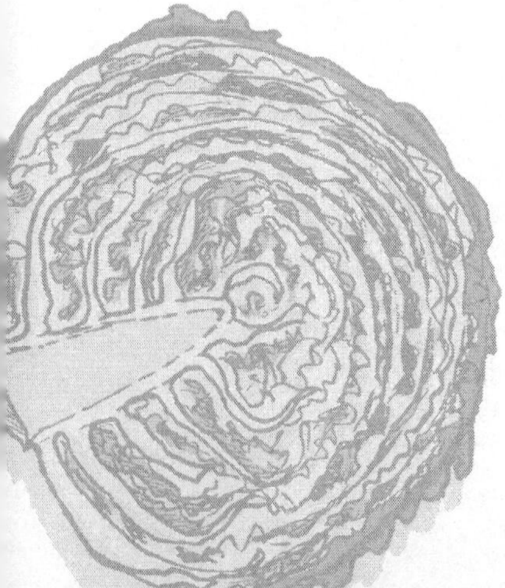

ROULADE, WIRSING UND HACK

4 Port. | 1,5 Std. | Leicht

Zutaten

1 Brötchen
750 g gemischtes Hackfleisch
1 Ei
Pfeffer und Salz
2 EL Butter
2 EL Instant-Gemüsebrühe
2 EL Speisestärke
Thymian zum Garnieren
2 Köpfe Wirsing
2 Zwiebeln
1 EL mittelscharfer Senf
Etwas edelsüßes Paprikapulver
2 EL Öl
2 EL Tomatenmark
5 Stiele Thymian
5 EL Schlagsahne
Ca. 750 ml Wasser

Nährwerte p. P.

370 kcal
9 g Kohlenhydrate
26 g Fett
15 g Eiweiß

1 Waschen Sie die Wirsing-Köpfe und lösen Sie die äußeren Blätter ab. Geben Sie ausreichend Wasser in einen Topf, bringen Sie es zum Kochen und garen Sie den Wirsing für etwa 2 Minuten darin. Anschließend schneiden Sie die Blätter in Streifen.

2 Weichen Sie das Brötchen in kaltem Wasser ein, schälen und würfeln Sie die Zwiebeln. Verkneten Sie die Hälfte der Zwiebeln mit dem Brötchen, dem Hackfleisch sowie mit Ei und Senf. Würzen Sie die Menge mit Pfeffer, Salz und Paprikapulver und formen Sie dann 8 gleich große, ovale Kugeln daraus.

3 Legen Sie nun immer zwei Kohlblätter überlappend aufeinander, geben Sie ein Hackbällchen hinein und rollen Sie den Kohl auf. Befestigen Sie die Rouladen mit etwas Küchengarn. Geben Sie das Öl eine Pfanne oder einen Bräter und braten Sie die Rouladen darin rundherum an. Nehmen Sie sie dann hinaus.

4 Erhitzen Sie die Butter in dem Sud und braten Sie die übrigen Zwiebeln sowie die übrigen Kohlstreifen darin an. Würzen Sie mit Gemüsebrühe, Pfeffer und Salz, geben Sie das Tomatenmark dazu und schwitzen Sie die Menge an. Löschen Sie dann alles mit etwa 750 ml Wasser ab, geben Sie die Rouladen hinein und schmoren Sie sie für 45 Minuten. Legen Sie währenddessen einen Deckel auf.

5 Waschen und hacken Sie den Thymian. Geben Sie etwas Thymian zu den Rouladen, legen Sie den Rest zur Seite. Nehmen Sie die Rouladen aus der Pfanne und binden Sie die Soße mit der Sahne sowie mit der Stärke. Schmecken Sie die Soße ab.

6 Servieren Sie nun die Rouladen mit den Kohlstreifen und garnieren Sie alles mit dem übrigen Thymian.

QUICHE MIT WIRSING UND KASSELER

1 Port. | 35 Min. | Leicht

Zutaten

5 Eier
125 g kalte Butter
200 g Kasseler
25 g geriebener Käse
Muskat und Pfeffer
2 Prisen Salz
200 g Mehl
1 Kopf Wirsing
200 ml Sahne
Butter für die Form

Nährwerte p. P.

2894 kcal
171 g Kohlenhydrate
188 g Fett
129 g Eiweiß

1 Kneten Sie zunächst aus der Butter, einer Prise Salz, einem Ei und dem Mehl einen Teig. Rollen Sie den Teig aus und geben Sie ihn in eine gebutterte Quicheform. Stechen Sie mit einer Gabel einige Löcher hinein.

2 Waschen Sie den Wirsing, entfernen Sie den Strunk, schneiden Sie die Blätter klein und blanchieren Sie sie kurz in kochendem Salzwasser. Lassen Sie sie abkühlen und verteilen Sie sie auf dem Teig. Schneiden Sie den Kasseler in Würfel, braten Sie die Würfel kurz an und geben Sie sie auf den Wirsing.

3 Vermischen Sie nun die Sahne mit 4 Eiern, dem geriebenen Käse und den Gewürzen. Verteilen Sie die Menge auf Wirsing und Kasseler.

4 Backen Sie nun alles für 45 Minuten bei 180 °C Ober-/Unterhitze im vorgeheizten Backofen.

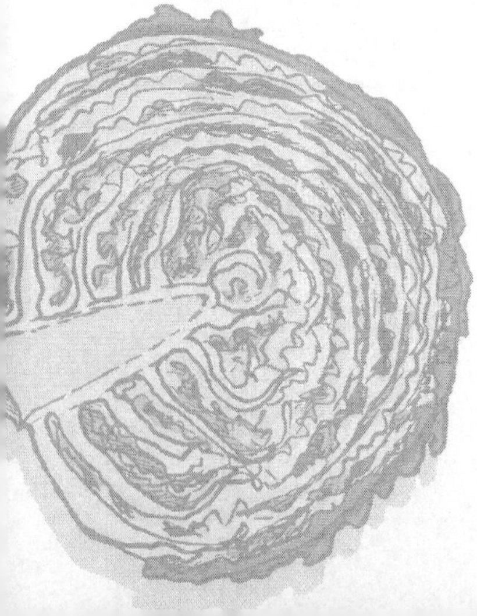

FLAMMKUCHEN MIT WIRSING UND ZIEGENGOUDA

4 Port. | 35 Min. | Leicht

Zutaten

4 Majoranzweige
Schwarzer Pfeffer aus der Mühle
75 g saure Sahne
75 g durchwachsener Speck, in Scheiben
50 g Gruyére
50 g Ziegengouda
125 g Zwiebeln
600 g Wirsing
2 EL Walnussöl
1 TL Trockenhefe
300 g Mehl (Type 550)
Etwas Salz
225 ml lauwarmes Wasser

Nährwerte p. P.

550 kcal
63 g Kohlenhydrate
17 g Fett
12 g Eiweiß

1 Vermischen Sie zunächst das Mehl mit der Hefe, dem Kümmel und 1 TL Salz. Geben Sie das Walnussöl sowie 225 ml lauwarmes Wasser dazu und kneten Sie alles zu einem geschmeidigen Teig. Decken Sie den Teig ab und lassen Sie ihn an einem warmen Ort für 1,5 Stunden gehen.

2 Waschen Sie den Wirsing und entfernen Sie den Strunk sowie die dicken Blattrippen. Kochen Sie etwas Salzwasser auf, geben Sie den Wirsing hinein und lassen Sie ihn für 3 Minuten köcheln. Nehmen Sie den Wirsing heraus und spülen Sie ihn ab. Anschließend hacken Sie den Wirsing klein.

3 Schälen Sie die Zwiebeln und schneiden Sie sie in Streifen. Reiben Sie den Käse und schneiden Sie den Speck in etwa 1 cm dicke Streifen. Waschen und hacken Sie den Majoran.

4 Heizen Sie den Ofen auf 250 °C Ober-/Unterhitze vor. Halbieren Sie nun den Teig und kneten Sie beide Hälften erneut durch. Formen Sie mit der Hand zwei 1 cm dicke Fladen und legen Sie sie auf ein Backblech mit Backpapier.

5 Streichen Sie die saure Sahne auf die Fladen, legen Sie den Wirsing darauf und salzen Sie ihn etwas. Streuen Sie die Zwiebeln auf den Wirsing und geben Sie die beiden Käsesorten darüber. Garnieren Sie mit Speck und Majoran und würzen Sie leicht mit Pfeffer.

6 Backen Sie Ihre Flammkuchen für 20 Minuten im vorgeheizten Backofen.

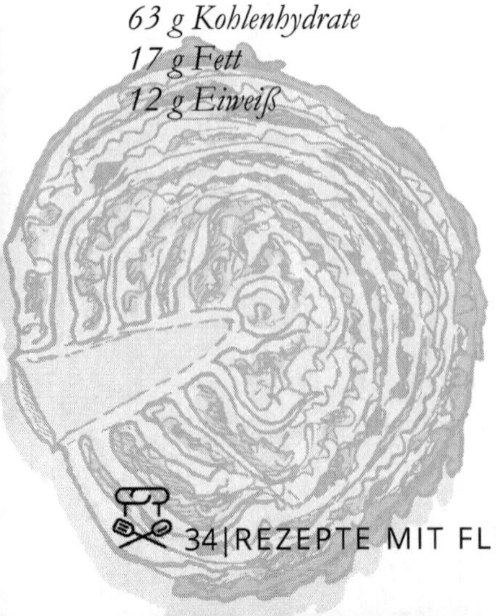

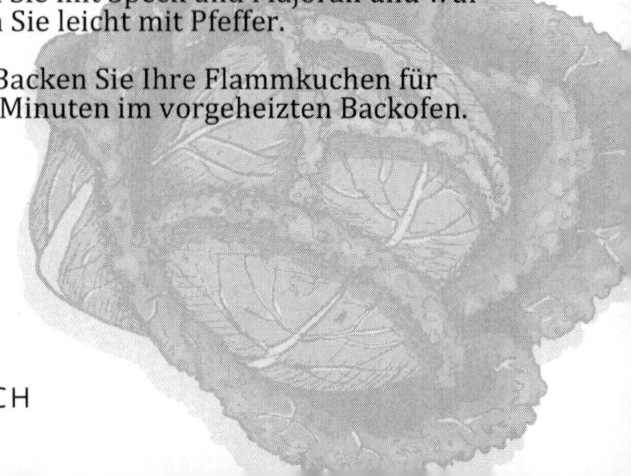

BRATWURST MIT WIRSING-PÜREE

1 Port. 30 Min. Mittel

Zutaten

400 g Bratwürstchen
1 EL reines Sonnenblumenöl
3 TL scharfer Senf
1 Beutel Gewürzsoße für Champignons
250 ml Wasser
1 EL Butter
60 g durchwachsener, geräucherter Speck
1 kg Wirsing

Nährwerte p. P.

504 kcal
12 g Kohlenhydrate
39 g Fett
25 g Eiweiß

1 Waschen Sie zunächst den Wirsing, entfernen Sie den Strunk und schneiden Sie die Blätter in Streifen. Geben Sie etwa 2 Liter gesalzenes Wasser in einen Topf und kochen Sie den Wirsing für 10 Minuten darin.

2 Schneiden Sie den Speck in Streifen. Zerlassen Sie die Butter in einem Topf und braten Sie den Speck für 4 Minuten darin an. Nehmen Sie die Hälfte des Specks heraus und stellen Sie ihn warm.

3 Zu dem übrigen Speck geben Sie jetzt den Wirsing und dünsten beides zusammen für 3 Minuten, gießen Sie dann mit 250 ml Wasser auf. Rühren Sie die Pilz-Gewürz-Soße hinein und kochen Sie die Menge auf. Anschließend pürieren Sie die Menge grob und geben den scharfen Senf dazu.

4 Jetzt erhitzen Sie das Öl in einer Pfanne und braten die Bratwürstchen von beiden Seiten gut durch. Richten Sie die Würstchen auf den Tellern an, garnieren Sie sie mit den warmgestellten Speckstreifen und geben Sie die Soße darüber.

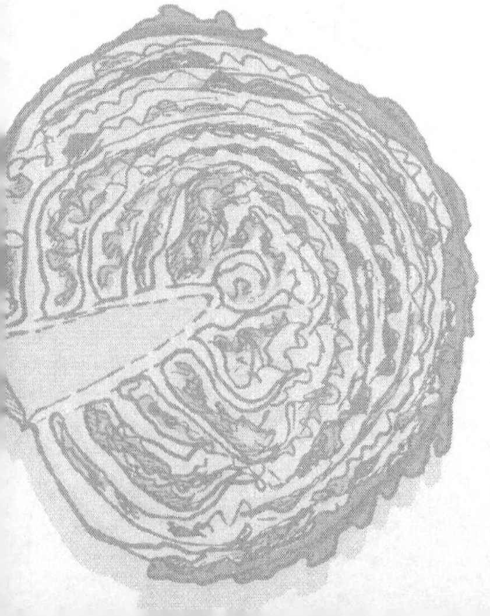

STEAK-NUDEL-PFANNE

4 Port. | 40 Min. | Leicht

Zutaten

125 ml Gemüsebrühe
Pfeffer aus der Mühle
Sojasoße
4 EL Olivenöl
400 g Rumpsteak
1 Knoblauchzehe
1 Zwiebel
1 Möhre
250 g Wirsing
150 g Nudeln
Salz

Nährwerte p. P.

240 kcal
23 g Kohlenhydrate
4 g Fett
21 g Eiweiß

1 Garen Sie die Nudeln wie üblich in Salzwasser. Waschen Sie währenddessen den Wirsing und schälen Sie die Möhre. Schneiden Sie beides in dünne Streifen. Schälen und würfeln Sie Zwiebel und Knoblauch. Schneiden Sie das Steak in feine Streifen.

2 Braten Sie jetzt das Fleisch in 2 EL Olivenöl an, geben Sie dann Zwiebel- und Knoblauchwürfel dazu, braten Sie beides kurz mit und geben Sie den Pfeffer sowie die Sojasoße dazu. Nehmen Sie dann alles heraus.

3 Braten Sie nun die Möhrenstreifen im übrigen Öl an, geben Sie dann den Wirsing dazu. Dünsten Sie beides unter Rühren für 4 Minuten. Gießen Sie mit der Gemüsebrühe auf und garen Sie alles für 4 Minuten.

4 Lassen Sie die Nudeln abtropfen und geben Sie Nudeln und das Fleisch in die Soße. Schmecken Sie erneut mit Pfeffer sowie mit Salz ab.

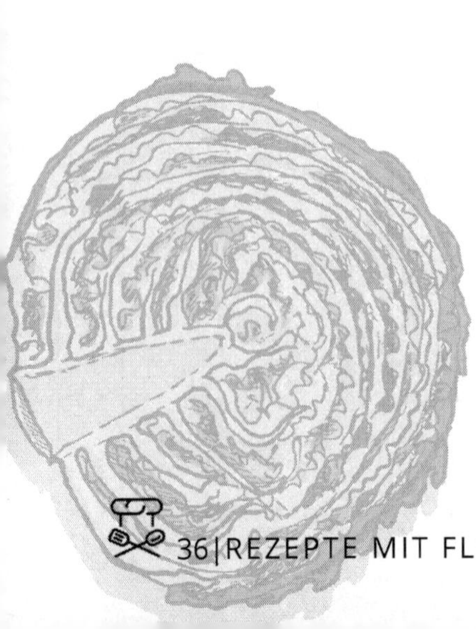

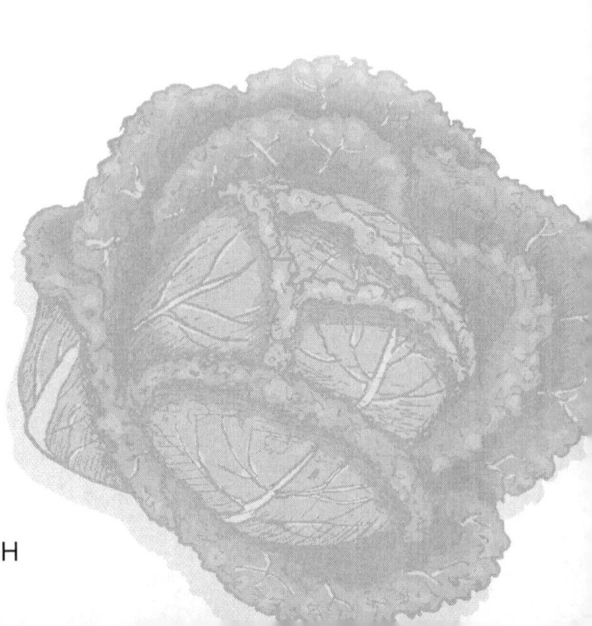

WIRSING WIENER ART MIT RINDFLEISCH

4 Port. 30 Min. Leicht

Zutaten

Einige ganze Pfefferkörner und Pimentkörner
1 Lorbeerblatt
1 Bund Suppengrün
600 g Rindfleisch
Salz und weißer Pfeffer
600 g gegarte, festkochende Kartoffeln, in Scheiben geschnitten
4 EL Öl
¼ Liter Sahne
2 kleine, geschnittene Zwiebeln
1 EL getrockneter Majoran
3 gepresste Knoblauchzehen
1 EL ganzer Kümmel
800 g Wirsing
300 ml Gemüsebrühe

Nährwerte p. P.

288 kcal
27 g Kohlenhydrate
12 g Fett
23 g Eiweiß

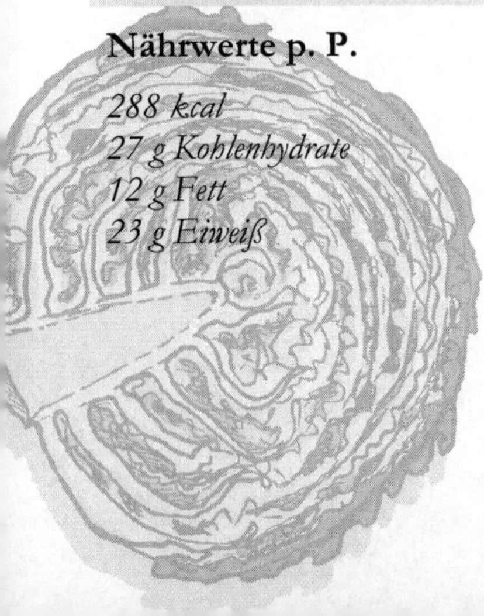

1 Bereiten Sie die Zutaten nach der Zutatenliste vor. Geben Sie das Fleisch mit Pfeffer-, Kümmel- und Pimentkörnern, Lorbeerblatt und Suppengrün in kochendes Salzwasser und lassen Sie alles für etwa 2 Stunden köcheln.

2 Waschen Sie den Wirsing, entfernen Sie den Strunk und schneiden Sie die Blätter in sehr dünne Streifen. Blanchieren Sie sie kurz in Salzwasser, spülen Sie sie anschließend mit kaltem Wasser ab.

3 Schwitzen Sie 1 Zwiebel in 2 EL Öl hell an. Geben Sie Majoran und Knoblauch dazu und gießen Sie mit 300 ml Brühe an. Geben Sie dann den Wirsing dazu, kochen Sie die Menge auf und binden Sie die Soße anschließend mit der Sahne. Schmecken Sie mit Pfeffer und Salz ab.

4 Erhitzen Sie jetzt 2 EL Öl in einer Pfanne und rösten Sie die zweite Zwiebel darin braun an. Geben Sie die Kartoffeln dazu und rösten Sie sie goldbraun. Würzen Sie mit Pfeffer und Salz.

WIRSING-RAGOUT

4 Port. 30 Min. Leicht

Zutaten

1 Packung Walnusskerne
1 Becher Crème fraîche
1 Packung rote Weintrauben
1 Packung Schweinerückensteak
1 Pck. Rinderbrühgewürz
1 Stange Lauch
1 Kopf Wirsing
250 g Tagliatelle
Essig und Olivenöl
Salz und schwarzer Pfeffer
1 EL Weizenmehl
500 ml heißes Wasser

Nährwerte p. P.

402 kcal
13 g Kohlenhydrate
11 g Fett
29 g Eiweiß

1 Kochen Sie die Tagliatelle wie üblich in Salzwasser gar. Halbieren Sie den Wirsing, schneiden Sie den Strunk heraus und schneiden Sie die Blätter in Streifen. Halbieren Sie den Lauch längs und schneiden Sie ihn in feine Streifen. Lösen Sie das Brühgewürz in 500 ml heißem Wasser auf.

2 Tupfen Sie das Fleisch trocken und schneiden Sie es in Würfel. Braten Sie es in Öl bei starker Hitze scharf an, würzen Sie mit Pfeffer und Salz. Geben Sie den Lauch sowie den Wirsing dazu und braten Sie beides für 3 Minuten mit. Verrühren Sie die Menge dann mit dem Mehl und löschen Sie mit der Brühe sowie etwas Essig ab. Lassen Sie alles zusammen für 20 Minuten köcheln.

3 Schneiden Sie währenddessen die Hälfte der Trauben in kleiner. Schmecken Sie das Ragout nun mit Pfeffer und Salz ab und rühren Sie die Crème fraîche hinein. Mischen Sie dann die klein geschnittenen Trauben dazu.

4 Zuletzt geben Sie die Nudeln zu dem Ragout und garnieren alles mit den gerösteten Walnüssen. Servieren Sie die übrigen Trauben dazu.

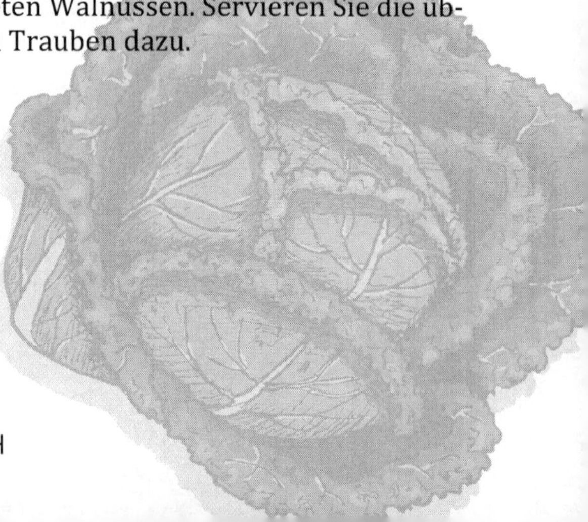

WIRSING-NUDELPFANNE SÜẞSAUER

4 Port. 25 Min. Leicht

Zutaten

½ Bund asiatischer Schnittlauch
6 EL Hühnchen-Chilisoße
150 ml Gemüsebrühe
Etwas Pfeffer
2 EL Öl
1 rote Paprikaschote
500 g Wirsing
1 Zwiebel
300 g Rinderhüftsteak
Etwas Salz
300 g Nudeln

Nährwerte p. P.

460 kcal
67 g Kohlenhydrate
9 g Fett
29 g Eiweiß

1 Kochen Sie zunächst die Nudeln wie üblich in Salzwasser gar. Waschen Sie das Fleisch, tupfen Sie es trocken und schneiden Sie es in Streifen. Schälen und würfeln Sie die Zwiebel. Waschen Sie den Wirsing, entfernen Sie den Strunk und schneiden Sie dickere Blattrippen heraus. Schneiden Sie die Blätter dann in Streifen. Waschen Sie die Paprika, entfernen Sie die Kerne und schneiden Sie sie ebenfalls in Streifen.

2 Erhitzen Sie das Öl in einer Pfanne und braten Sie das Fleisch darin von beiden Seiten an. Nehmen Sie es heraus und würzen Sie es mit Pfeffer und Salz. Geben Sie die Paprika, den Wirsing sowie die Zwiebelwürfel nach und nach dazu und braten Sie alles zusammen für 4 Minuten. Wenden Sie zwischendurch. Würzen Sie anschließend mit Pfeffer und Salz und löschen Sie mit der Brühe ab. Garen Sie die Menge für weitere 4 Minuten.

3 Geben Sie dann das Fleisch dazu und schmecken Sie mit der Chilisoße ab. Jetzt können Sie die Nudeln unterrühren. Waschen Sie den Schnittlauch, schütteln Sie ihn trocken und hacken Sie ihn klein.

4 Garnieren Sie Ihre Wirsing-Pfanne mit dem Schnittlauch.

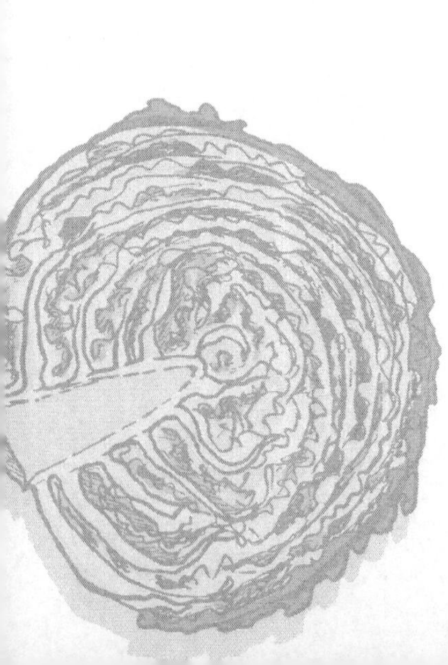

Rezepte mit Fisch

KABELJAU AUF WIRSING

4 Port. | 40 Min. | Leicht

Zutaten

450 g Kartoffeln
Pfeffer und Salz
2 EL Öl
1 Kopf Wirsing
100 ml Sahne
4 Kabeljaufilets
2 EL Butter

Nährwerte p. P.

425 kcal
19 g Kohlenhydrate
23 g Fett
33 g Eiweiß

1 Waschen Sie zunächst den Wirsing, entfernen Sie den Strunk und schneiden Sie die Blätter in Streifen. Geben Sie die Butter sowie den Wirsing in einen Topf und schwitzen Sie den Wirsing an. Löschen Sie mit der Sahne ab und kochen Sie den Wirsing für 20 Minuten gar.

2 Schälen Sie die Kartoffeln und garen Sie diese in Salzwasser wie üblich. Schmecken Sie sie dann mit Pfeffer und Salz ab.

3 Waschen Sie den Fisch, tupfen Sie ihn trocken und würzen Sie auch diesen mit Pfeffer und Salz. Braten Sie ihn dann in einer Pfanne in Öl auf mittlerer Hitze von beiden Seiten goldgelb.

4 Zuletzt geben Sie den Wirsing zuerst auf die Teller, setzen den Fisch darauf und legen die Kartoffeln drumherum.

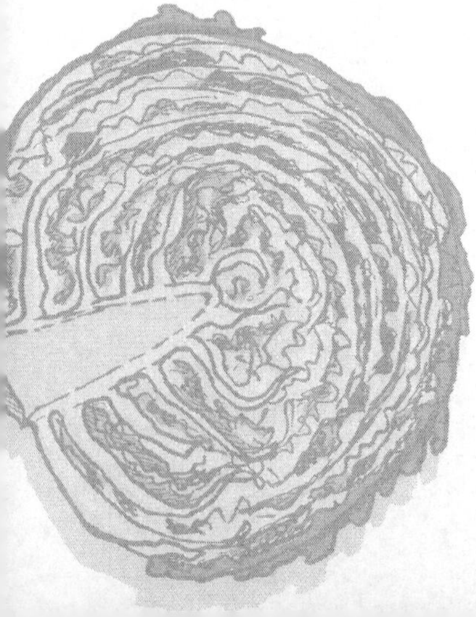

SEELACHS UND WIRSING MIT CURRY

2 Port. | 30 Min. | Leicht

Zutaten

1 Zwiebel
1 TL Currypulver
150 ml Schlagsahne
2 EL Zitronensaft
½ Kopf Wirsing
2 EL Öl
Pfeffer und Salz
300 g Seelachsfilet

Nährwerte p. P.

491 kcal
9 g Kohlenhydrate
34 g Fett
35 g Eiweiß

1 Waschen Sie den Wirsing, entfernen Sie die äußeren Blätter sowie den Strunk und schneiden Sie die übrigen Blätter in Streifen. Schälen und würfeln Sie die Zwiebel, braten Sie sie dann in einer Pfanne in heißem Öl an.

2 Geben Sie das Currypulver über die Zwiebelwürfel, braten Sie beides kurz weiter und geben Sie dann den Wirsing dazu. Würzen Sie mit Pfeffer und Salz. Löschen Sie die Menge jetzt mit der Sahne ab. Legen Sie den Deckel auf die Pfanne und lassen Sie alles bei milder Hitze für 8 Minuten garen.

3 Schneiden Sie den Fisch währenddessen in zwei gleich große Stücke und beträufeln Sie ihn mit etwas Zitronensaft. Würzen Sie den Fisch von beiden Seiten mit Pfeffer und Salz. Legen Sie den Fisch zum Wirsing in die Pfanne, decken Sie die Pfanne erneut ab und lassen Sie alles für weitere 10 Minuten garen.

RAHMWIRSING MIT ZANDER

4 Port. | 1 Std. 15 Min. | Leicht

Zutaten

250 g Schlagsahne
Pfeffer und Salz
1 kleiner Kopf Wirsing
2 TL Zitronensaft
1 Msp. Gemüsebrühe
Etwas Muskat
750 g festkochende Kartoffeln
100 ml Milch
2 mittelgroße Zwiebeln
75 g geräucherter, durchwachsener Speck
800 g Zanderfilet mit Haut
3 EL Butterschmalz
3 EL Mehl
Ca. 100 ml Wasser

Nährwerte p. P.

640 kcal
34 g Kohlenhydrate
35 g Fett
43 g Eiweiß

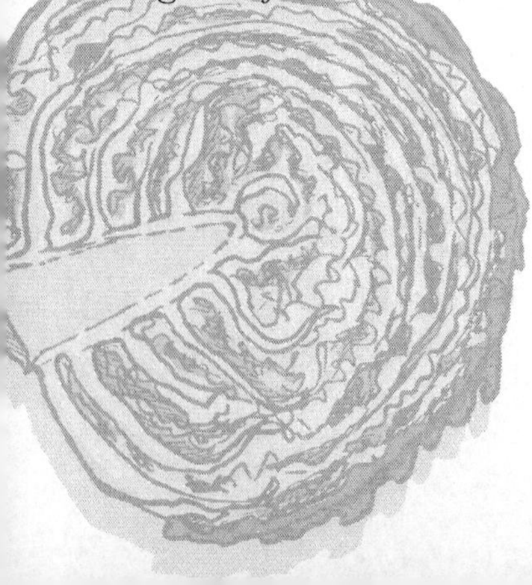

1 Schälen Sie zunächst die Kartoffeln und hobeln Sie sie in dünne Scheiben. Fetten Sie eine Gratinform ein und schichten Sie die Kartoffeln hinein. Verrühren Sie nun die Milch mit 150 g Sahne. Würzen Sie die Menge mit Pfeffer und Salz und geben Sie sie über die Kartoffeln.

2 Heizen Sie den Backofen auf 200 °C Umluft vor und garen Sie das Gratin für 45 Minuten darin.

3 Schälen Sie die Zwiebeln und schneiden Sie eine davon in Spalten. Die andere Zwiebel wird gewürfelt. Waschen Sie den Wirsing, entfernen Sie den Strunk und schneiden Sie die Blätter sowie den Speck in feine Streifen.

4 Waschen Sie den Zander, tupfen Sie ihn trocken und schneiden Sie ihn in etwa 8 Stücke. Schneiden Sie die Hautseite dreimal ein und beträufeln Sie sie mit dem Zitronensaft.

5 Erhitzen Sie 1 EL Butterschmalz in einem Topf und braten Sie den Speck knusprig an. Geben Sie die Zwiebelwürfel dazu und braten Sie sie kurz mit, nehmen Sie dann beides heraus.

6 Dünsten Sie nun die übrigen Zwiebeln im Speckfett an, geben Sie den Wirsing dazu und dünsten Sie ihn kurz mit. Würzen Sie mit Pfeffer und Salz und geben Sie etwa 100 ml Wasser sowie die übrige Sahne dazu. Rühren Sie auch die Brühe hinein, decken Sie die Menge ab und schmoren Sie sie für 15 Minuten.

7 Würzen Sie nun den Zander mit Salz und wenden Sie ihn im Mehl, schmecken Sie den Wirsing mit Muskat ab.

8 Braten Sie den Fisch jetzt im übrigen Butterschmalz in einer Pfanne zuerst auf der Hautseite an. Wenden Sie ihn dann und braten Sie auch die andere Seite. Erhitzen Sie Speck und Zwiebeln kurz mit.

9 Richten Sie dann zuerst den Wirsing auf den Tellern an, geben Sie Speck, Fisch und Zwiebelwürfel darauf. Servieren Sie Ihr Kartoffelgratin dazu.

FISCH-WIRSING-RÖLLCHEN

4 Port. 45 Min. Leicht

Zutaten

1 kleines Stück Ingwer
Pfeffer und Salz
4 EL Mango-Chutney
1 kleiner Kopf Wirsing
1 Limette
1 Knoblauchzehe
1 EL Currypulver
2 - 5 EL Sonnenblumenöl
4 Kabeljaufilets
400 ml Gemüsebrühe

Nährwerte p. P.

390 kcal
15 g Kohlenhydrate
21 g Fett
32 g Eiweiß

1 Schälen und pressen Sie den Knoblauch, schälen und reiben Sie den Ingwer. Würzen Sie beides mit Pfeffer, Salz und Curry und vermischen Sie es mit dem Chutney.

2 Waschen Sie den Fisch ab, tupfen Sie ihn trocken und pinseln Sie ihn mit der Knoblauchpaste beidseitig ein. Decken Sie ihn ab und stellen Sie ihn kühl.

3 Waschen Sie den Wirsing, trennen Sie 4 große Blätter ab und kochen Sie diese für 2 Minuten in Salzwasser. Spülen Sie die Blätter ab und tupfen Sie sie trocken.

4 Legen Sie jetzt je 1 Blatt auf eine Arbeitsfläche, legen Sie 1 Stück Fisch in die Mitte und wickeln Sie den Fisch ein. Binden Sie das Päckchen mit Küchengarn zusammen. Wiederholen Sie den Vorgang mit den übrigen 3 Blättern. Schneiden Sie den restlichen Kohl in Streifen.

5 Geben Sie das Öl in einen Topf und rösten Sie die Wirsingstreifen darin an. Füllen Sie mit der Brühe auf und würzen Sie mit Pfeffer und Salz. Legen Sie die Fischröllchen darauf, schließen Sie den Topf und garen Sie alles für 15 Minuten bei kleiner Hitze.

6 Richten Sie die Röllchen sowie den Wirsing an und schneiden Sie das Garn ab. Waschen Sie die Limette, schneiden Sie sie in Spalten und servieren Sie sie dazu.

LACHS-AUFLAUF

4 Port. 40 Min. Leicht

Zutaten

1500 g Wirsing
3 EL Öl
2 TL mittelscharfer Senf
1 Pck. Milkana, cremig
Etwas Fett
500 g Pellkartoffeln (gegart)
4 Schalotten
100 ml Brühe
Etwas Salz und 1 Pfefferkorn, grob geschrotet
200 g Räucherlachs

Nährwerte p. P.

500 kcal
30 g Kohlenhydrate
25 g Fett
36 g Eiweiß

1 Heizen Sie zunächst den Backofen auf 200 °C Umluft vor. Schälen Sie die Pellkartoffeln und schneiden Sie sie in Scheiben. Waschen Sie den Wirsing, entfernen Sie den Strunk und schneiden Sie die Blätter in Streifen. Schälen und würfeln Sie die Schalotten.

2 Erhitzen Sie das Öl in einer Pfanne und braten Sie Schalotten und Wirsing darin an. Gießen Sie dann mit der Brühe an, legen Sie den Deckel auf und dünsten Sie alles für 5 Minuten. Würzen Sie mit Pfeffer, Salz und Senf.

3 Rühren Sie jetzt die Milkana unter die Menge. Schneiden Sie den Lachs in Streifen und geben Sie Wirsing, Lachs und Kartoffeln in eine gefettete Auflaufform. Garen Sie den Auflauf für 20 Minuten im vorgeheizten Ofen.

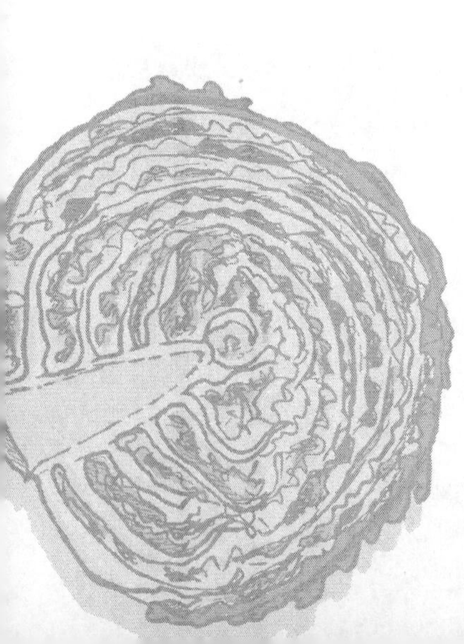

FISCHSTÄBCHEN MIT WIRSING

2 Port. | 20 Min. | Leicht

Zutaten

Für den Wirsing:
Etwas Muskatnuss
Gemahlener, schwarzer
Etwas Pfeffer, Salz
100 ml Sahne
20 g Weizenmehl, Type 405
2 EL Butter
400 g Wirsing
2 festkochende Kartoffeln

Für die Fischstäbchen:
80 ml Rapsöl
80 g Panko-Mehl
2 EL Weizenmehl, Type 405
Gemahlener, schwarzer Pfeffer
Etwas Salz
2 EL Worcestershiresoße
1 EL mittelscharfer Senf
1 mittelgroßes Ei
1 Zitrone
350 g Seelachsfilet

Nährwerte p. P.
213 kcal
17 g Kohlenhydrate
9 g Fett
13 g Eiweiß

Wirsing:

1 Schälen Sie zunächst die Kartoffeln und schneiden Sie sie in Würfel. Waschen Sie den Wirsing, schneiden Sie den Strunk heraus und schneiden Sie die Blätter in Streifen. Kochen Sie die Kartoffelwürfel für 3 Minuten in Salzwasser. Geben Sie den Wirsing dazu und kochen Sie beides weitere 3 Minuten. Geben Sie die Menge durch ein Sieb und fangen Sie den Fond auf.

2 Erhitzen Sie jetzt die Butter in einem Topf, geben Sie das Mehl dazu und verrühren Sie alles mit einem Schneebesen. Geben Sie 150 ml des Fonds sowie die Sahne dazu. Rühren Sie, bis sich alles miteinander verbunden hat. Schmecken Sie die Soße mit Muskat und Pfeffer ab. Geben Sie dann Kartoffeln und Wirsing dazu.

Fischstäbchen:

3 Tupfen Sie den Seelachs trocken und schneiden Sie ihn in Streifen. Waschen Sie die Zitrone, reiben Sie die Schale ab und pressen Sie den Saft aus. Verquirlen Sie nun Zitronensaft und Schale mit Ei, Senf und Worcestershiresoße, würzen Sie dann mit Pfeffer und Salz.

4 Bereiten Sie eine Panierstraße mit Panko-Mehl, Eimischung und Mehl vor. Wenden Sie die Lachstreifen zuerst in Mehl, dann in der Eimischung und zuletzt im Panko-Mehl. Erhitzen Sie das Öl in einer Pfanne und braten Sie Ihre Fischstäbchen darin 3 Minuten lang von beiden Seiten knusprig.

5 Nehmen Sie die Fischstäbchen heraus und servieren Sie sie mit dem Wirsing.

WIRSINGBETT MIT GEBRATENEM FISCH

4 Port. | 50 Min. | Leicht

Zutaten

Pfeffer und Salz
1 Zitrone
2 Petersilienzweige
500 g festkochende Kartoffeln
1 EL Öl
4 EL Butter
2 Tomaten
2 Frühlingszwiebeln
400 ml Schlagsahne
1 mittelgroßer Wirsing
1 EL Zitronensaft
2 EL Mehl
600 g Viktoriabarsch

Nährwerte p. P.

789 kcal
38 g Kohlenhydrate
51 g Fett
42 g Eiweiß

1 Lösen Sie die Wirsingblätter ab, schneiden Sie den Strunk heraus und waschen Sie den Wirsing. Schneiden Sie die Blätter dann in Streifen. Blanchieren Sie die Blätter für 5 Minuten in kochendem Salzwasser, nehmen Sie sie heraus und lassen Sie sie abtropfen. Waschen und trocknen Sie die Petersilie, hacken Sie sie dann klein.

2 Kochen Sie die Sahne auf, geben Sie den Wirsing hinein und schmecken Sie mit Pfeffer und Salz ab. Schälen Sie die Kartoffeln, schneiden Sie sie in Scheiben und garen Sie sie separat in kochendem Salzwasser.

3 Waschen Sie den Fisch und tupfen Sie ihn trocken. Teilen Sie ihn dann in 4 Portionen auf, beträufeln Sie ihn mit Zitronensaft, würzen Sie ihn mit Salz und Pfeffer und wenden Sie ihn dann im Mehl. Erhitzen Sie das Öl sowie 1 EL Butter in einer Pfanne und backen Sie den Fisch darin von beiden Seiten goldgelb.

4 Überbrühen und häuten Sie die Tomaten, entkernen Sie sie und schneiden Sie sie in Streifen. Waschen Sie die Zwiebeln und schneiden Sie sie in Ringe, dünsten Sie sie kurz im Fischfett an.

5 Erhitzen Sie die übrige Butter und braten Sie die Kartoffeln rundherum an. Verteilen Sie den Wirsing auf den Tellern, setzen Sie den Fisch darauf und belegen Sie ihn mit Tomaten und Zwiebeln. Schneiden Sie die Zitrone in Scheiben und garnieren Sie mit Zitronenscheiben, Kartoffeln und Petersilie.

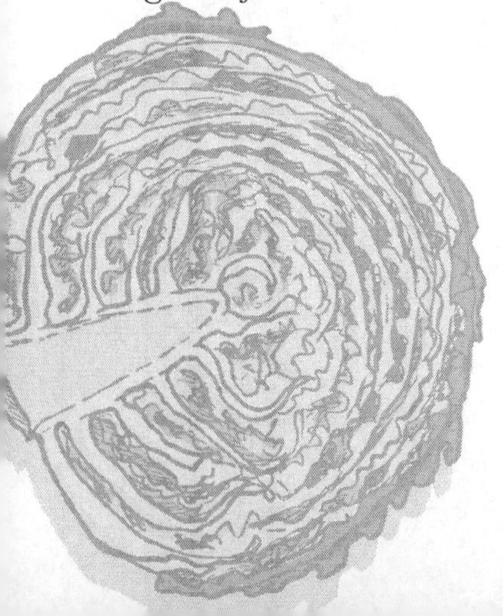

WIRSING-SCHOLLEN-ROLLEN

4 Port. | 35 Min. | Leicht

Zutaten

Chiliflocken
100 ml Gemüsebrühe
250 g Joghurt
1 TL rosa Pfefferbeeren
150 g gemischte Kräuter
250 ml Fischfond
1 ½ EL Zitronensaft
Weißer Pfeffer
500 g Schollenfilet
Etwas Jodsalz mit Fluorid
8 große Wirsingblätter

Nährwerte p. P.

194 kcal
7 g Kohlenhydrate
5 g Fett
27 g Eiweiß

1 Waschen Sie die Wirsingblätter und blanchieren Sie sie für 2 Minuten in kochendem Salzwasser. Schrecken Sie sie ab und lassen Sie sie abtropfen. Breiten Sie 4 der Blätter dann auf einer Arbeitsfläche aus.

2 Spülen Sie die Schollenfilets ab, tupfen Sie sie trocken und würzen Sie sie mit Pfeffer und Salz. Beträufeln Sie sie dann mit 1 EL Zitronensaft. Legen Sie die Filets auf die Wirsingblätter und rollen Sie die Blätter auf. Fixieren Sie sie mit je einem Zahnstocher.

3 Geben Sie den Fischfond in einen Topf, setzen Sie einen Dämpfeinsatz hinein und kochen Sie den Fond auf. Schneiden Sie die übrigen Blätter grob klein und geben Sie sie in den Einsatz hinein. Legen Sie die Fischrollen darauf, decken Sie den Topf ab und garen Sie alles für 8 Minuten.

4 Waschen Sie währenddessen die Kräuter, schütteln Sie sie trocken und zerpflücken Sie sie grob. Pürieren Sie dann die Gemüsebrühe mit einem Großteil der Kräuter sowie mit Joghurt und Pfefferbeeren. Schmecken Sie mit Chiliflocken, Salz und dem übrigen Zitronensaft ab.

5 Verteilen Sie den Wirsing sowie die übrigen Kräuter auf vier Tellern. Entfernen Sie die Zahnstocher aus den Röllchen, halbieren Sie sie und setzen Sie sie auf das Gemüse. Beträufeln Sie alles mit der Soße und weiteren Chiliflocken.

Vegetarische Gerichte

WIRSING-WALNUSS-PFANNE

4 Port. 30 Min. Leicht

Zutaten

2 Zwiebeln
Pfeffer und Salz
2 TL Senfsamen
1 kg Wirsing
2 EL Butter
100 ml Gemüsebrühe
50 g Walnusskerne

Nährwerte p. P.

232 kcal
10 g Kohlenhydrate
17 g Fett
10 g Eiweiß

1 Entfernen Sie zunächst die äußeren Blätter des Wirsings, schneiden Sie den Strunk heraus und schneiden Sie die übrigen Blätter dann in Streifen. Schälen Sie die Zwiebeln und schneiden Sie diese in Spalten.

2 Erhitzen Sie die Butter in einem Topf und braten Sie die Zwiebeln darin goldbraun an. Geben Sie den Wirsing dazu und dünsten Sie diesen kurz mit an. Gießen Sie jetzt mit der Gemüsebrühe an und rühren Sie die Senfsamen hinein. Decken Sie den Topf ab und lassen Sie alles für 20 Minuten köcheln.

3 Hacken Sie währenddessen die Walnusskerne und rösten Sie sie ohne Fett in einer Pfanne etwa 3 Minuten lang an.

4 Würzen Sie den Wirsing mit Pfeffer und Salz und vermischen Sie ihn dann mit den Walnüssen.

KÄSE-EI-WIRSING

2 Port. | 40 Min. | Leicht

Zutaten

Pfeffer und Salz, je 1 Prise
80 g Käse nach Wahl
4 Eier
1 Schuss Wasser
1 TL Kokosöl
1 Kopf Wirsing
1 Stange Lauch

Nährwerte p. P.

282 kcal
6 g Kohlenhydrate
15 g Fett
30 g Eiweiß

1 Halbieren Sie zunächst den Lauch und schneiden Sie ihn dann in Streifen. Halbieren Sie den Wirsing, schneiden Sie den Strunk heraus und schneiden Sie die Blätter ebenfalls in Streifen.

2 Erhitzen Sie das Kokosöl in einer Pfanne und braten Sie den Lauch darin an. Geben Sie dann den Wirsing dazu und braten Sie ihn kurz mit. Löschen Sie mit einem kleinen Schuss Wasser ab, legen Sie den Deckel auf und nehmen Sie etwas Hitze weg. Dünsten Sie den Wirsing für etwa 7 Minuten.

3 Währenddessen reiben Sie den Käse und geben ihn in eine Schüssel. Geben Sie die Eier dazu, würzen Sie mit Pfeffer und Salz und verrühren Sie die Menge gründlich.

4 Ist der Wirsing weich, nehmen Sie den Deckel herunter und geben die Käsemischung dazu. Warten Sie, bis das Ei gestockt ist, und verteilen Sie die Menge dann auf zwei Tellern.

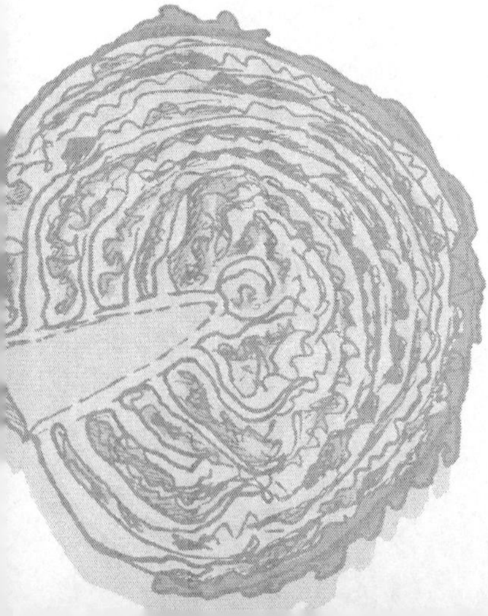

GEBACKENE WIRSINGSPALTEN

4 Port. 50 Min. Leicht

Zutaten

3 Knoblauchzehen
1 TL Rosmarin
Pfeffer und Salz
1 Kopf Wirsing
Etwas Fett
6 getrocknete Tomaten in Öl
6 EL Öl
200 g Schafskäse

Nährwerte p. P.

320 kcal
8 g Kohlenhydrate
25 g Fett
15 g Eiweiß

1 Heizen Sie den Backofen auf 180 °C Umluft vor. Vierteln Sie den Wirsing, schneiden Sie den Strunk heraus und entfernen Sie trockenen Blätter. Schneiden Sie die übrigen Blätter dann in Streifen. Fetten Sie ein Backblech ein und legen Sie die Streifen darauf.

2 Schälen und hacken Sie den Knoblauch, schneiden Sie die Tomaten in Streifen. Zupfen Sie die Rosmarinnadeln ab und hacken Sie sie. Vermischen Sie Pfeffer und Salz mit Öl, Rosmarin, Knoblauch und Tomaten und träufeln Sie die Mischung über den Wirsing. Backen Sie ihn für 30 Minuten im Backofen.

3 Anschließend bröseln Sie den Schafskäse über den Wirsing.

KAROTTENGRATIN

2 Port. 45 Min. Leicht

Zutaten

Etwas Mehl
Pfeffer und Salz
50 g geriebener Bergkäse
150 ml Milch
100 ml Schlagsahne
150 ml Gemüsebrühe
1 EL Rapsöl
2 kleine Karotten
400 g Wirsing

Nährwerte p. P.

262 kcal
5 g Kohlenhydrate
11 g Fett
18 g Eiweiß

1 Waschen Sie den Wirsing, entfernen Sie den Strunk und schneiden Sie die Blätter in feine Streifen. Schälen und würfeln Sie die Karotten.

2 Erhitzen Sie das Öl und dünsten Sie Wirsing und Karotten darin an. Löschen Sie mit der Gemüsebrühe ab und dünsten Sie die Menge für weitere 8 Minuten.

3 Geben Sie Milch und Schlagsahne in einen weiteren Topf und kochen Sie die Mischung auf. Rühren Sie den Bergkäse nach und nach hinein. Dicken Sie die Menge mit etwas Mehl an und würzen Sie mit Pfeffer und Salz.

4 Geben Sie das Gemüse in eine Auflaufform und gießen Sie die Soße dazu. Backen Sie das Gratin im vorgeheizten Backofen bei 200 °C Umluft für 20 Minuten.

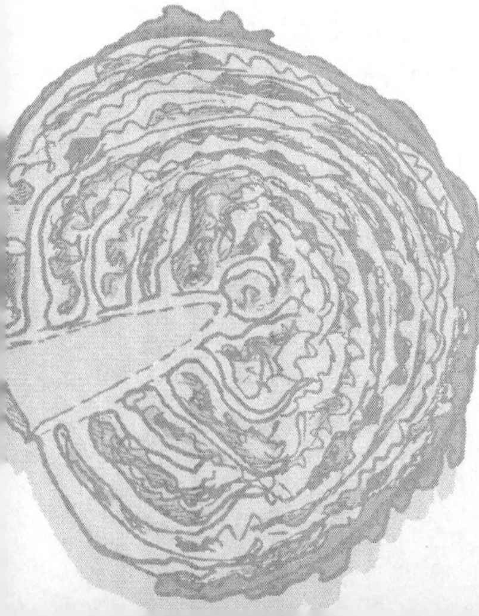

PASTA MIT WIRSINGGEMÜSE

4 Port. | 30 Min. | Leicht

Zutaten

30 g Parmesan
Schwarzer Pfeffer
100 ml Sahne
50 ml Gemüsebrühe
2 EL Sonnenblumenöl
400 g Farfalle
2 Zitronen
½ Bund Schnittlauch
400 g Wirsing
4 EL Pinienkerne
Etwas Salz

Nährwerte p. P.

722 kcal
36 g Kohlenhydrate
17 g Fett
21 g Eiweiß

1 Kochen Sie die Nudeln wie üblich in Salzwasser gar. Rösten Sie die Pinienkerne in einer Pfanne ohne Fett an und lassen Sie sie abkühlen. Waschen Sie den Wirsing, entfernen Sie Strunk und äußere Blätter und schneiden Sie die übrigen Blätter in Streifen. Halbieren Sie die Streifen.

2 Waschen Sie den Schnittlauch und schneiden Sie ihn in Röllchen. Waschen Sie die Zitronen, reiben Sie jeweils die Schale ab und pressen Sie den Saft aus.

3 Geben Sie nun das Öl in eine Pfanne und dünsten Sie den Wirsing darin an. Gießen Sie nach 3 Minuten die Sahne sowie die Brühe dazu, kochen Sie die Menge auf und lassen Sie sie etwa 5 Minuten lang köcheln.

4 Gießen Sie die Pasta ab und vermischen Sie sie mit dem Zitronenabrieb, dem Zitronensaft sowie mit Pfeffer und Salz und dem Wirsing. Anschließend garnieren Sie mit den Pinienkernen sowie dem Parmesan.

WIRSING-CURRY

2 Port. | 30 Min. | Leicht

Zutaten

1 Prise Zucker
150 ml Schlagsahne
1 TL mittelscharfes Currypulver
Etwas Salz
3 EL Öl
600 g Wirsing
1 Zwiebel

Nährwerte p. P.

325 kcal
10 g Kohlenhydrate
23 g Fett
18 g Eiweiß

1 Schälen und würfeln Sie die Zwiebel, waschen Sie den Wirsing, entfernen Sie den Strunk und schneiden Sie den Wirsing in Streifen.

2 Erhitzen Sie das Öl in einem Topf und dünsten Sie die Zwiebelwürfel darin an. Geben Sie die Wirsingstreifen dazu und dünsten Sie sie für 5 Minuten mit. Würzen Sie dann mit Currypulver und Zucker.

3 Löschen Sie jetzt alles mit der Schlagsahne ab, decken Sie die Menge mit einem Deckel zu und lassen Sie sie für 15 Minuten schmoren. Schmecken Sie mit etwas Salz ab.

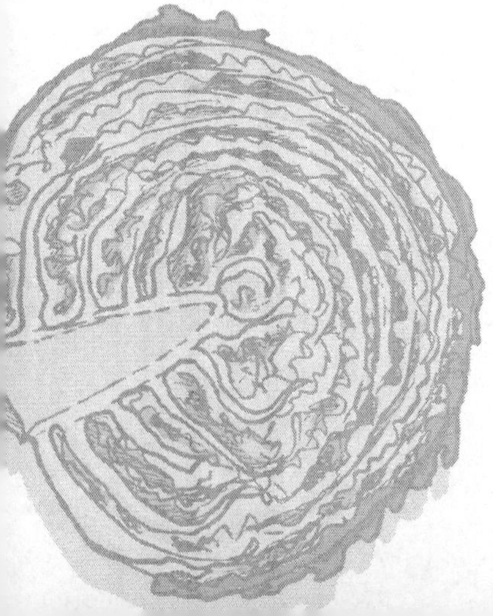

KARTOFFELAUFLAUF MIT FETA UND WIRSING

4 Port. 30 Min. Leicht

Zutaten

800 g festkochende Kartoffeln
1 Zwiebel
2 EL Öl
250 g Feta
1 Kopf Wirsing
Pfeffer und Salz
1 Knoblauchzehe
150 g geriebener Emmentaler
250 ml Cremefine
Etwas Fett

Nährwerte p. P.

255 kcal
25 g Kohlenhydrate
9 g Fett
8 g Eiweiß

1 Waschen Sie den Wirsing, schneiden Sie den Strunk heraus und schneiden Sie die Blätter in Streifen. Blanchieren Sie die Streifen für 3 Minuten in kochendem Salzwasser. Schälen Sie die Kartoffeln und schneiden Sie sie in Scheiben. Blanchieren Sie sie ebenfalls für 3 Minuten in Salzwasser.

2 Schälen und würfeln Sie Knoblauch und Zwiebel und schwitzen Sie beides in Öl an. Geben Sie den Wirsing dazu und braten Sie ihn kurz mit.

3 Fetten Sie nun eine Auflaufform und schichten Sie Kartoffeln, Wirsing, Feta (bröseln Sie diesen) und Emmentaler hinein. Würzen Sie jede Schicht mit Pfeffer und Salz, schließen Sie die letzte Schicht mit dem Emmentaler ab. Übergießen Sie dann alles mit Cremefine.

4 Backen Sie den Auflauf bei 180 °C Ober-/Unterhitze für etwa 35 Minuten im vorgeheizten Backofen.

TAGLIATELLE-WIRSING-KÄSE

4 Port. | 35 Min. | Leicht

Zutaten

150 g Tagliatelle
Pfeffer und Salz
250 ml Milch
1 TL Mehl
20 g Butter
50 g Gouda
1 Zitrone
1 Zwiebel
350 g Wirsing

Nährwerte p. P.

576 kcal
65 g Kohlenhydrate
22 g Fett
23 g Eiweiß

1 Waschen Sie den Wirsing, entfernen Sie den Strunk und schneiden Sie die Blätter in dünne Streifen. Schälen und würfeln Sie die Zwiebel. Waschen Sie die Zitrone, reiben Sie etwa ½ TL Schale ab und pressen Sie 2 EL Saft aus. Reiben Sie den Gouda.

2 Zerlassen Sie die Butter in einer Pfanne. Dünsten Sie die Zwiebelwürfel für 4 Minuten darin an. Geben Sie den Wirsing sowie das Mehl dazu und garen Sie alles für 5 Minuten.

3 Fügen Sie den Käse und die Milch hinzu, kochen Sie die Menge dann auf. Lassen Sie alles für 4 Minuten leicht köcheln. Schmecken Sie anschließend mit Zitronensaft, Zitronenschale, Pfeffer und Salz ab.

4 Garen Sie die Nudeln nach Packungsanweisung in Salzwasser, gießen Sie sie ab und geben Sie sie tropfnass in eine Schüssel. Vermischen Sie sie mit der Wirsing-Käse-Soße.

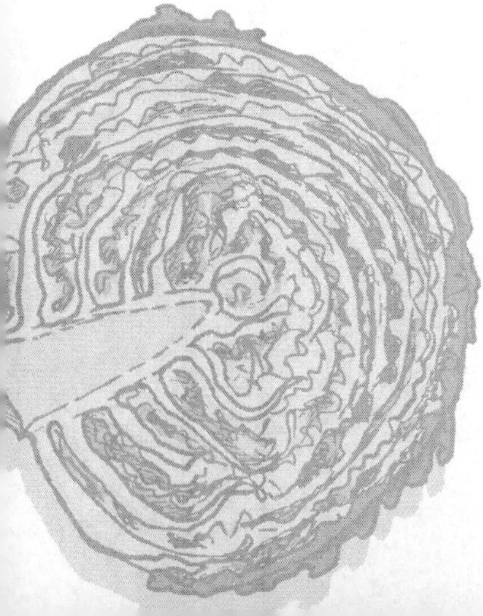

TALER AUS WIRSING MIT DIP

4 Port. 1,5 Std. Leicht

Zutaten

200 g körniger Frischkäse
4 EL Rapsöl
Etwas Kräutersalz
2 EL Mehl
2 Eier
6 Blätter Wirsing
6 mittelgroße Kartoffeln

Nährwerte p. P.

213 kcal
25 g Kohlenhydrate
8 g Fett
11 g Eiweiß

1 Schälen und waschen Sie die Kartoffeln und kochen Sie sie wie üblich gar. Stampfen Sie sie anschließend klein. Waschen Sie den Wirsing, entfernen Sie den Strunk und hacken Sie die Blätter klein. Vermischen Sie Kartoffeln und Wirsing miteinander. Geben Sie dann Salz, Mehl und Eier dazu und verrühren Sie alles gründlich.

2 Erhitzen Sie 2 EL Öl in einer Pfanne und backen Sie 10 Taler aus der Wirsingmenge aus. Tupfen Sie sie anschließend mit Küchenpapier ab.

3 Verrühren Sie den Frischkäse mit dem übrigen Öl und würzen Sie die Menge mit dem Kräutersalz nach Bedarf. Jetzt können Sie ihre köstlichen Taler mit dem Käse-Dip servieren.

CARBONARA MIT WIRSING UND ROTEN ZWIEBELN

4 Port. | 25 Min. | Leicht

Zutaten

3 Eigelb
150 g Schlagsahne
250 g Nudeln
650 g Wirsing
2 Knoblauchzehen
2 rote Zwiebeln
100 g getrocknete Tomaten in Öl
Pfeffer, Salz und Muskat

Nährwerte p. P.

500 kcal
54 g Kohlenhydrate
23 g Fett
15 g Eiweiß

1 Kochen Sie zunächst reichlich Salzwasser für die Nudeln auf. Lassen Sie die Tomaten abtropfen und fangen Sie das Öl auf. Schälen Sie die Zwiebeln und schneiden Sie sie in Streifen. Schälen und hacken Sie den Knoblauch.

2 Waschen Sie den Wirsing, entfernen Sie den Strunk und schneiden Sie die Blätter in etwa 1 cm breite Streifen. Schneiden Sie die Tomaten etwas kleiner. Garen Sie die Nudeln wie üblich.

3 Erhitzen Sie 3 EL des Tomatenöls in einer Pfanne. Braten Sie Wirsing, Tomaten, Zwiebeln und Knoblauch darin bei starker Hitze an. Garen Sie die Menge dann bei mittlerer Hitze für 10 Minuten weiter. Geben Sie 3 EL des Nudelwassers dazu.

4 Gießen Sie die Nudeln ab und fangen Sie etwa 150 ml Nudelwasser auf. Verrühren Sie das Nudelwasser mit den Eigelben sowie der Sahne. Mischen Sie die Nudeln unter das Gemüse und rühren Sie die Sahnemischung hinein. Zuletzt schmecken Sie mit Pfeffer, Salz und Muskat ab.

VEGETARISCHES WIRSING-GULASCH

4 Port. | 50 Min. | Leicht

Zutaten

1 EL Speisestärke
Salz und gemahlener Pfeffer
Je ½ Bund Oregano und Thymian
1 TL Chilipulver
1 Lorbeerblatt
750 ml Gemüsebrühe
50 g Tomatenmark
2 EL Öl
2 Knoblauchzehen
200 g Zwiebeln
500 g Tomaten
600 g bunte Paprikaschoten
1 kg festkochende Kartoffeln

Nährwerte p. P.

289 kcal
48 g Kohlenhydrate
6 g Fett
7 g Eiweiß

1 Schälen und würfeln Sie die Kartoffeln. Waschen Sie die Paprikaschoten und schneiden Sie sie in Stücke. Häuten und würfeln Sie die Tomaten. Schälen Sie die Zwiebeln und schneiden Sie sie in Spalten. Schälen und hacken Sie den Knoblauch.

2 Erhitzen Sie das Öl in einer Pfanne und braten Sie Zwiebeln und Knoblauch darin an. Geben Sie die Tomaten sowie das Tomatenmark dazu. Löschen Sie dann mit der Gemüsebrühe ab.

3 An dieser Stelle fügen Sie Paprika, Kartoffeln, Thymian, Oregano, Chilipulver und Lorbeerblatt hinzu. Lassen Sie die Menge für 25 Minuten köcheln und schmecken Sie dann mit Pfeffer und Salz ab. Verrühren Sie die Stärke mit etwas Wasser und rühren Sie sie unter Ihr Wirsing-Gulasch.

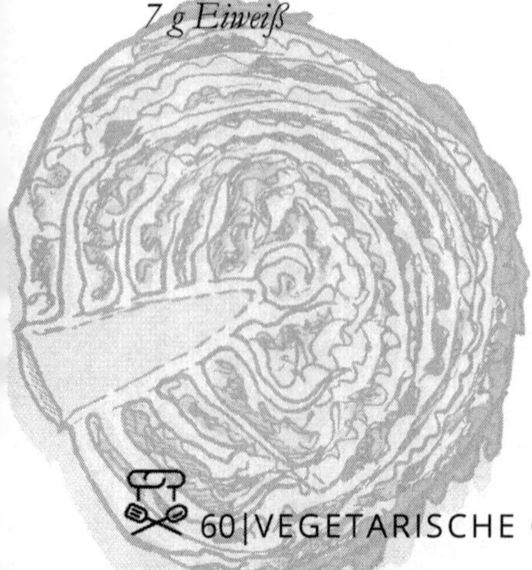

Vegane Gerichte

WIRSINGSUPPE MIT KARTOFFELN, LAUCH UND ZWIEBELN

4 Port. | 40 Min. | Leicht

Zutaten

1 Stange Lauch
1 Zwiebel
1500 ml Gemüsebrühe
1 Prise Kümmel
1 Prise Fenchel
1 Kopf Wirsing
500 g Kartoffeln
250 ml vegane Sahne
1 Prise Muskat
Je 1 Prise Pfeffer und Salz
1 EL Butter

Zudem:
4 EL Rapsöl
100 g Räuchertofu

Nährwerte p. P.

232 kcal
10 g Kohlenhydrate
17 g Fett
10 g Eiweiß

1 Schälen und würfeln Sie die Zwiebel, schmelzen Sie die Butter in einem Topf und braten Sie die Zwiebel darin glasig an. Waschen Sie den Lauch, entfernen Sie den festen Teil und schneiden Sie ihn in Ringe. Geben Sie den Lauch zu den Zwiebelwürfeln und braten Sie ihn kurz mit.

2 Schälen und würfeln Sie die Kartoffeln. Waschen Sie den Wirsing, entfernen Sie den Strunk und schneiden Sie die Blätter grob in Stücke. Geben Sie Wirsing und Kartoffeln mit in den Topf und gießen Sie mit der Brühe an. Lassen Sie die Menge etwa 35 Minuten lang köcheln.

3 Geben Sie jetzt die Sahne dazu und schmecken Sie mit Fenchel, Muskat, Kümmel, Salz und Pfeffer ab. Geben Sie die Suppe dann in einen Mixer und pürieren Sie sie gründlich.

4 Schneiden Sie den Räuchertofu in Würfel und rösten Sie die Würfel in Öl in einer Pfanne an. Servieren Sie die gerösteten Würfel zu Ihrer Suppe.

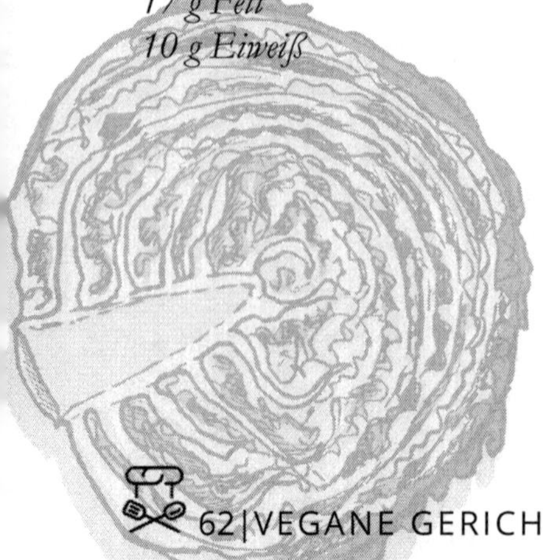

AUFLAUF MIT KARTOFFELN UND WIRSING

2 Port. 45 Min. Mittel

Zutaten

Etwas Fett für die Form
Pfeffer und Salz
1 EL Senf
20 g Hefeflocken
200 ml Gemüsebrühe
200 ml Hafercuisine
40 g Mehl
40 ml Rapsöl
1 Zwiebel
500 g Kartoffeln
400 g Wirsing

Nährwerte p. P.

110 kcal
10 g Kohlenhydrate
5 g Fett
5 g Eiweiß

1 Entfernen Sie die äußeren Blätter des Wirsings sowie den Strunk, waschen Sie die übrigen Blätter und schneiden Sie sie in große Streifen. Kochen Sie den Wirsing für 7 Minuten in Salzwasser.

2 Heizen Sie den Backofen auf 180 °C Umluft vor. Schälen Sie die Zwiebel und schneiden Sie sie in Würfel. Braten Sie die Würfel dann im Rapsöl glasig. Geben Sie jetzt das Mehl dazu, verrühren Sie alles und lassen Sie die Menge etwas bräunen. Dann rühren Sie die Gemüsebrühe hinein. Fügen Sie auch die Hafercuisine hinzu und kochen Sie die Menge kurz auf.

3 Lassen Sie die Soße etwas abkühlen und geben Sie dann den Senf sowie die Hefeflocken hinein. Würzen Sie mit Salz und Pfeffer. Gießen Sie die Kartoffeln ab und schneiden Sie sie in Scheiben.

4 Fetten Sie anschließend eine Kastenform ein, belegen Sie den Boden mit Kartoffelscheiben und salzen Sie diese. Schichten Sie jetzt abwechselnd den Wirsing und die übrigen Kartoffeln in die Form und salzen Sie nach jeder Schicht. Zuletzt gießen Sie die Soße in die Auflaufform.

5 Garen Sie den Auflauf dann für etwa 25 Minuten.

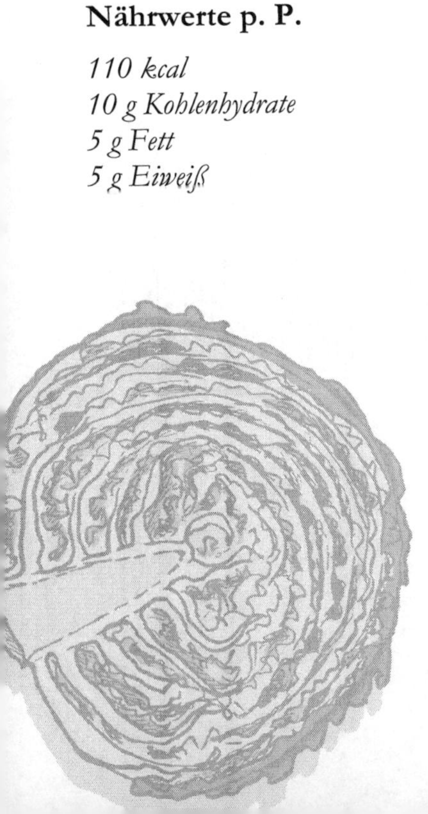

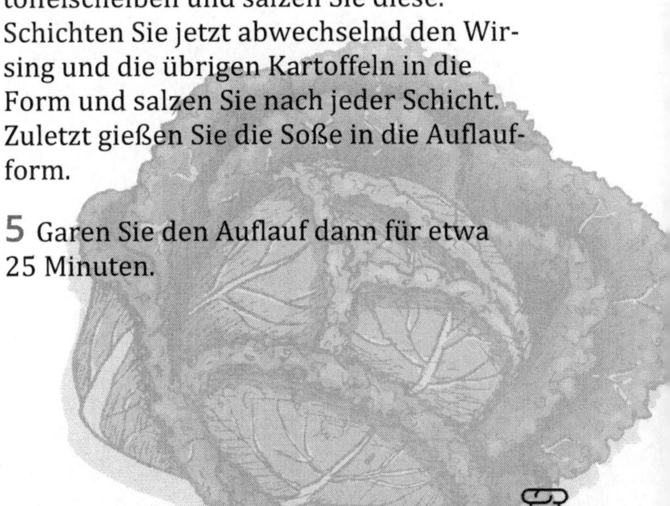

BRATKARTOFFELN, WIRSING UND MANDELN

4 Port. 50 Min. Leicht

Zutaten

2 EL Mandelmus
2 EL Sojasoße
2 EL glutenfreie Haferflocken
Pfeffer aus der Mühle und Kristallsalz
200 ml Gemüsebrühe
250 ml trockener Weißwein
Hitzebeständiges Erdnussöl
2 EL gehackte Petersilie
30 g geschälte Mandeln
400 g Wirsing
1 Knoblauchzehe
100 g Räuchertofu
100 g rote Zwiebeln
400 g festkochende Kartoffeln

Nährwerte p. P.

377 kcal
31 g Kohlenhydrate
16 g Fett
13 g Eiweiß

1 Geben Sie die Kartoffeln in einen Topf mit Salzwasser und kochen Sie sie mit Schale auf. Lassen Sie sie dann 25 Minuten lang kochen. Gießen Sie die Kartoffeln ab, schrecken Sie sie ab und lassen Sie sie abkühlen. Schneiden Sie sie dann in Scheiben.

2 Würfeln Sie währenddessen die Zwiebeln und den Tofu, schälen und hacken Sie den Knoblauch. Waschen Sie den Wirsing, entfernen Sie den Strunk und schneiden Sie die Blätter fein. Hacken Sie die gewaschene Petersilie und die Mandeln. Rösten Sie die Mandeln dann in einer Pfanne ohne Fett.

3 Erhitzen Sie etwas Erdnussöl in einem Topf und braten Sie die Zwiebeln darin an. Geben Sie dann Knoblauch und Tofu dazu und braten Sie auch den Wirsing mit. Löschen Sie die Menge nach 2 Minuten mit Weißwein ab und lassen Sie die Menge einreduzieren. Geben Sie die Brühe dazu und würzen Sie mit Pfeffer und Salz. Lassen Sie alles für 10 Minuten köcheln.

4 Erhitzen Sie noch etwas Erdnussöl in einer Pfanne und braten Sie die Kartoffeln beidseitig an. Geben Sie 2 EL Haferflocken zum Wirsing und rühren Sie 2 EL Mandelmus, Pfeffer, Salz und Sojasoße dazu.

5 Garnieren Sie den Rahmwirsing mit den gerösteten Mandeln sowie der Petersilie. Servieren Sie die Bratkartoffeln dazu.

TAGLIATELLE, HUMMUS UND WIRSING

2 Port. | 30 Min. | Leicht

Zutaten

Für den Wirsing:
1 TL Chiliflocken
2EL Olivenöl
1 Zwiebel
300 g Wirsing

Für den Hummus:
½ TL Fenchelsamen
1 TL Zitronenabrieb
1 TL Meersalz
1 Zitrone (den Saft davon)
2 Knoblauchzehen
2 EL Tahin
240 ml Aquafaba (Wasser der Kichererbsen)
400 g getrocknete, gekochte Kichererbsen

Zudem:
500 g Tagliatelle

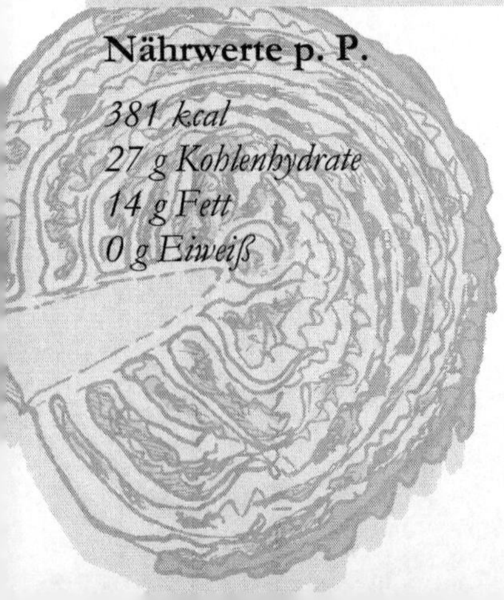

Nährwerte p. P.

381 kcal
27 g Kohlenhydrate
14 g Fett
0 g Eiweiß

1 Schälen und hacken Sie die Zwiebel, waschen Sie den Wirsing und schneiden Sie ihn in Streifen. Dünsten Sie die Zwiebeln in Öl in einer Pfanne glasig an. Geben Sie die Chiliflocken sowie den Wirsing dazu und schmoren Sie beides für 8 Minuten mit. Rühren Sie zwischendurch um. Kochen Sie die Tagliatelle wie üblich in Salzwasser gar.

2 Geben Sie jetzt die Zutaten für die Soße in einen Mixer und pürieren Sie alles fein. Geben Sie die Soße nun zum Gemüse und gießen Sie die Menge mit 100 ml Kochwasser der Nudeln an. Lassen Sie alles bei niedriger Hitze für 5 Minuten köcheln.

3 Gießen Sie die Nudeln ab und geben Sie sie tropfnass mit in die Pfanne. Vermischen Sie alles gründlich miteinander.

ONE POT PASTA MIT VEGANEM HACKFLEISCH

4 Port. | 30 Min. | Leicht

Zutaten

Etwas Pfeffer und Meersalz
Etwas Petersilie
300 g vegane Crème fraîche
3 EL Hefeflocken
250 g helle Hörnchennudeln
250 ml passierte Tomaten
1 Liter Gemüsebrühe
3 EL Tomaten-Gemüse-Mark
½ TL Muskat
1 TL edelsüßes Paprikapulver
500 g frisches, veganes Hack
Je 1 gelbe & rote Paprika
500 g Wirsing
1 Knoblauchzehe
1 Zwiebel
3 EL Öl

Nährwerte p. P.

398 kcal
33 g Kohlenhydrate
11 g Fett
3 g Eiweiß

1 Schälen und hacken Sie zunächst Knoblauch und Zwiebel. Waschen Sie den Wirsing, entfernen Sie den Strunk und schneiden Sie die Blätter in feine Streifen. Waschen Sie beide Paprika, entfernen Sie Strunk und Kerne und schneiden Sie sie in Würfel.

2 Erhitzen Sie nun das Öl bei mittlerer Hitze in einer Pfanne und schwitzen Sie die Zwiebeln darin an. Geben Sie dann den Knoblauch dazu und braten Sie beides für 2 Minuten. Jetzt geben Sie das Gemüse-Mark sowie Muskat, Paprikapulver und veganes Hack dazu und braten alles zusammen, bis es schön braun ist.

3 Fügen Sie die Paprikawürfel hinzu, braten Sie sie kurz an und gießen Sie dann mit den passierten Tomaten sowie der Gemüsebrühe an. Geben Sie die Hörnchennudeln dazu und kochen Sie alles, bis die Nudeln bissfest sind. Nach etwa 3 Minuten Kochzeit geben Sie den Wirsing dazu.

4 Zuletzt schmecken Sie mit Pfeffer, Salz, Muskat und Hefeflocken ab. Geben Sie die gewaschene Petersilie sowie die Crème fraîche in zwei kleine Schälchen und servieren Sie diese zu Ihrem Nudelgericht.

SCHNELLE SPÄTZLE MIT RÄUCHERTOFU

2 Port. 30 Min. Leicht

Zutaten

Pfeffer und Salz
10 g Hefeflocken
100 g Räuchertofu, in Scheiben
200 g vegane Sahne
200 g Wirsing, in Streifen
1 gewürfelte Zwiebel
300 g vegane Spätzle

Nährwerte p. P.

209 kcal
29 g Kohlenhydrate
5 g Fett
0 g Eiweiß

1 Bereiten Sie die Zutaten nach der Zutatenliste vor.

2 Erhitzen Sie zunächst eine Pfanne und rösten Sie Zwiebelwürfel und Tofuscheiben darin an. Geben Sie dann die Wirsingstreifen sowie die Spätzle dazu, würzen Sie mit etwas Salz und braten Sie alles zusammen weiter.

3 Rühren Sie dann Sahne, Pfeffer und Hefeflocken in die Menge hinein. Verrühren Sie alles gründlich miteinander.

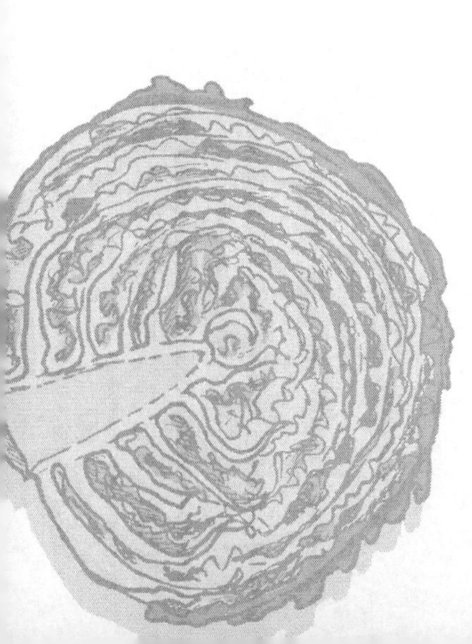

VEGANER EINTOPF MIT WIRSING UND KARTOFFELN

2 Port. 50 Min. Leicht

Zutaten

250 ml Wasser
1 EL Maisstärke
Je 1 Prise Salz und Pfeffer
Je 1 Prise Kümmel und Majoran
1 Lorbeerblatt
2 Kartoffeln
1 Knoblauchzehe
1 mittelgroße Zwiebel
½ Kopf Wirsing
1 Bund Suppengemüse
Etwas Öl

Nährwerte p. P.

92 kcal
20 g Kohlenhydrate
1 g Fett
3 g Eiweiß

1 Erhitzen Sie zunächst das Öl in einem Topf. Schälen und hacken Sie die Zwiebel sowie den Knoblauch und schwitzen Sie sie im Öl an. Waschen Sie den Wirsing, entfernen Sie den Strunk sowie die äußeren Blätter und schneiden Sie die übrigen Blätter grob in Stücke.

2 Schälen und würfeln Sie die Kartoffeln. Putzen Sie das Suppengemüse und schneiden Sie es klein. Geben Sie alles in den Topf und dünsten Sie es kurz mit.

3 Gießen Sie nun mit dem Wasser an und würzen Sie mit Pfeffer, Salz, Kümmel und Majoran. Geben Sie auch das Lorbeerblatt dazu. Decken Sie den Topf ab und lassen Sie alles für 30 Minuten köcheln. Binden Sie den Eintopf am Ende mit der Maisstärke.

GESCHMORTER WIRSING MIT NELKEN

4 Port. 30 Min. Leicht

Zutaten

30 g Butter
1 Prise Zucker
Pfeffer und Salz
250 ml Wasser
2 EL Öl
½ TL Kümmel
4 Gewürznelken
2 Zwiebeln
1 kg Wirsing

Nährwerte p. P.

30 kcal
2 g Kohlenhydrate
1 g Fett
1 g Eiweiß

1 Vierteln Sie den Wirsing, waschen Sie ihn und entfernen Sie den Strunk. Hobeln Sie den Wirsing klein. Schälen und würfeln Sie eine der Zwiebeln. Stecken Sie die Nelken in die andere geschälte Zwiebel hinein.

2 Erhitzen Sie das Öl in einem Topf und dünsten Sie die gewürfelte Zwiebel darin glasig an. Geben Sie den Wirsing dazu und braten Sie ihn unter Rühren an. Geben Sie die Gewürze dazu und gießen Sie mit dem Wasser an. Legen Sie die Zwiebel mit den Nelken darauf. Decken Sie den Topf ab und lassen Sie alles für 15 Minuten garen.

3 Sobald der Wirsing gar ist, nehmen Sie die Zwiebel mit den Nelken heraus, geben die Butter dazu und schmecken erneut mit den Gewürzen ab.

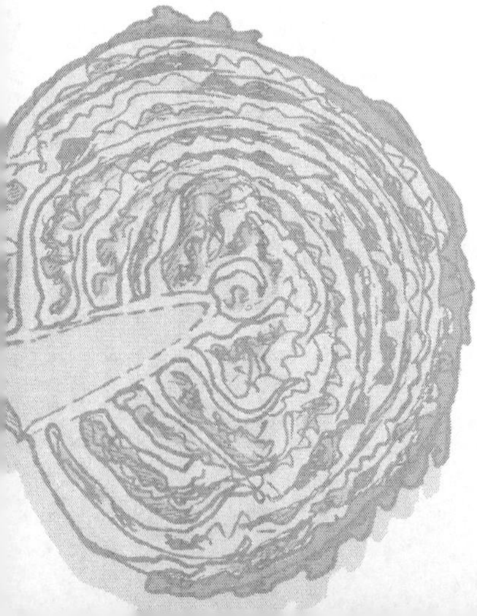

Fingerfood und Snacks

CHIPS AUS FRISCHEM WIRSING

6 Port. | 1 Std. 10 Min. | Leicht

Zutaten

Etwas grobes Meersalz
2 EL Rapsöl
1 kg Wirsing

Nährwerte p. P.

74 kcal
5 g Kohlenhydrate
4 g Fett
5 g Eiweiß

1 Waschen Sie den Wirsing, entfernen Sie die äußeren Blätter und zupfen Sie die übrigen Blätter vom Strunk. Schneiden Sie sie in mundgerechte Stücke und bepinseln Sie diese beidseitig mit Öl.

2 Legen Sie ein Backblech mit Backpapier aus und streuen Sie das grobe Salz darauf. Verteilen Sie die Wirsingblätter darauf und bestreuen Sie auch diese mit Salz.

3 Backen Sie Ihre Chips für 15 Minuten bei 180 °C Umluft. Lassen Sie sie anschließend abkühlen.

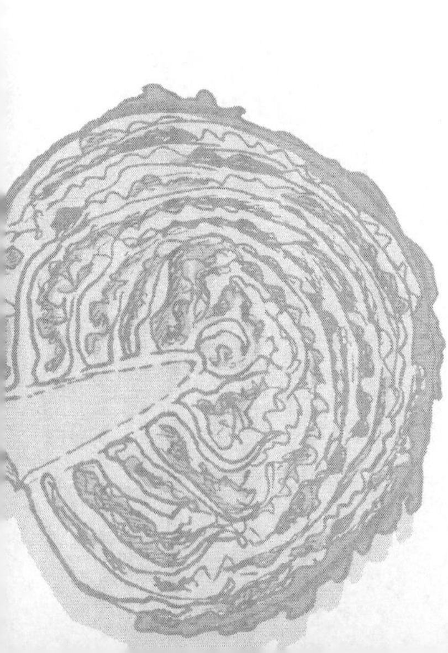

CHILI-WIRSING-CHIPS

2 Port. 50 Min. Leicht

Zutaten

1 TL Chilipulver
2 TL Pfeffer
3 Prisen Salz
3 EL Öl
10 zarte Wirsingblätter

Nährwerte p. P.

83 kcal
11 g Kohlenhydrate
6 g Fett
7 g Eiweiß

1 Waschen Sie die Wirsingblätter gründlich und lassen Sie sie gut trocknen. Schneiden Sie die Blätter dann in Stücke. Geben Sie Pfeffer, Salz, Öl und Chilipulver in eine Schale und verrühren Sie die Mischung gründlich.

2 Jetzt wenden Sie die Wirsingstücke gründlich darin und verteilen Sie auf einem oder zwei Backblechen mit Backpapier. Nach Bedarf können Sie jetzt noch einmal mit Pfeffer und Salz nachwürzen.

3 Backen Sie Ihre Chips für 45 Minuten bei 110 °C Umluft.

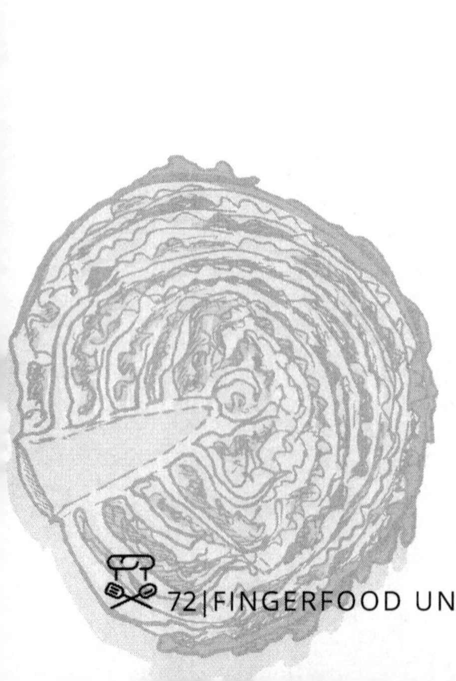

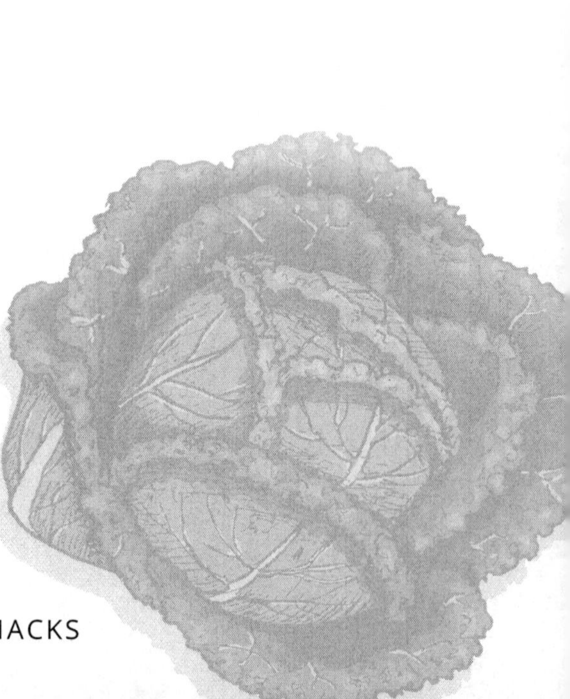

PAPRIKACHIPS AUS WIRSING

2 Port. | 55 Min. | Leicht

Zutaten

½ TL edelsüßes Paprikapulver
½ TL Gewürzpfeffer
½ TL Senf
2 EL Olivenöl
10 frische, grüne Wirsingblätter

Nährwerte p. P.

81 kcal
4 g Kohlenhydrate
4 g Fett
4 g Eiweiß

1 Lösen Sie zunächst die Wirsingblätter vom Kopf ab und entfernen Sie die dicken Mittelrippen. Schneiden Sie den Rest grob klein. Heizen Sie den Backofen auf 120 °C Ober-/Unterhitze vor.

2 Mischen Sie das Öl sowie die Gewürze in einer Schüssel, geben Sie die Wirsingchips hinein und mischen Sie die Chips gründlich durch. Legen Sie die Chips nun einzeln auf ein Backblech mit Backpapier. Backen Sie sie dann für 40 Minuten im vorgeheizten Backofen.

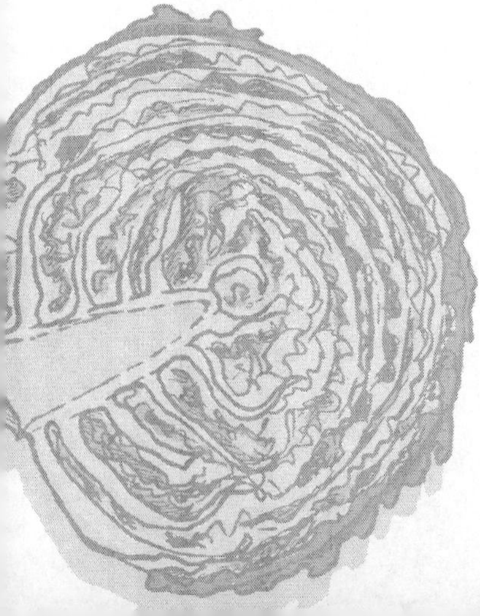

WIRSING-SESAM-CHIPS

2 Port. | 25 Min. | Leicht

Zutaten

2 TL dunkler Sesam
Etwas Meersalz
½ TL Knoblauchpulver
½ TL geräuchertes Paprikapulver
1 EL geröstetes Sesamöl
8 große Wirsingblätter

Nährwerte p. P.

90 kcal
7 g Kohlenhydrate
6 g Fett
7 g Eiweiß

1 Heizen Sie den Backofen auf 150 °C Umluft vor und bereiten Sie zwei Backbleche mit Backpapier vor. Waschen und trocknen Sie jetzt die Wirsingblätter und entfernen Sie die harten Rippen. Schneiden Sie den Rest grob in Stücke.

2 Geben Sie die übrigen Zutaten in eine Schüssel und verkneten Sie die Menge mit den Wirsingstücken. Verteilen Sie die Stücke dann gleichmäßig auf die beiden Backbleche.

3 Backen Sie Ihre Chips dann für 20 Minuten im vorgeheizten Backofen. Damit die Chips nicht zu weich werden, können Sie die Ofentür zwischendurch immer einmal wieder kurz öffnen, damit die Feuchtigkeit entweichen kann.

Desserts

DEFTIGER PUDDING MIT WIRSING

3 Port. | 2 Std. 15 Min. | Leicht

Zutaten

150 g Schafskäse
Etwas Pfeffer, Salz und Ingwerpulver
125 g Reis
1 Kopf Wirsing
3 Eier (getrennt)

Für das Ragout:

500 g Hackfleisch vom Lamm
3 EL Paprikapulver
Pfeffer und Salz
250 g kleine Tomaten
3 EL Öl
1 Knoblauchzehe
250 ml Brühe
Etwas Kreuzkümmel und Minze

Nährwerte p. P.

365 kcal
52 g Kohlenhydrate
17 g Fett
9 g Eiweiß

1 Fetten Sie zunächst eine Puddingform ein und stellen Sie sie kühl. Lassen Sie den Reis abgedeckt bei mittlerer Hitze für 20 Minuten in Salzwasser ziehen.

2 Waschen Sie den Wirsing und entfernen Sie äußere Blätter und Strunk. Blanchieren Sie die übrigen Blätter für 1 Minute in Salzwasser, spülen Sie sie ab und lassen Sie sie abtropfen. Halbieren Sie sie längs und entfernen Sie die Rippen. Schneiden Sie 300 g des übrigen Wirsings in feine Streifen und blanchieren Sie sie ebenfalls.

3 Legen Sie die Puddingform mit den Wirsingblättern aus. Verrühren Sie die Gewürze mit dem Eigelb und vermischen Sie die Menge mit Schafskäse, Wirsingstreifen und Reis. Schlagen Sie das Eiweiß steif und heben Sie es unter. Füllen Sie die Masse in die Puddingform.

4 Verschließen Sie nun die Puddingform und garen Sie alles für 1 ¼ Stunde in einem Wasserbad.

5 Bereiten Sie währenddessen das Ragout vor. Erhitzen Sie das Öl in einer Pfanne und braten Sie das Hackfleisch darin an. Drücken Sie den Knoblauch durch eine Presse in die Pfanne und streuen Sie auch das Paprikapulver hinein. Schwitzen Sie alles kurz an und löschen Sie dann mit der Brühe ab. Würzen Sie gut und lassen Sie die Menge leicht köcheln.

6 Hacken Sie derweil die Tomaten und geben Sie sie dazu. Dünsten Sie alles zusammen für ein paar Minuten.

7 Nehmen Sie den Pudding aus dem Wasserbad und lassen Sie ihn kurz ruhen, stürzen Sie ihn dann auf eine Platte. Servieren Sie das Ragout dazu und garnieren Sie alles mit Kreuzkümmel und Minze.

WIRSING-BANANEN-WRAPS

4 Port. 15 Min. Leicht

Zutaten

1 EL Olivenöl
250 g Räuchertofu
10 g frischer Ingwer
1 Knoblauchzehe
1 Karotte
Je 1 gelbe und rote Paprika
¼ Kopf Wirsing
Je 1 Prise schwarzer Pfeffer und Salz
1 Prise gemahlene Chili
4 EL Sojasoße
75 ml Wasser
75 g Erdnusskerne
1 Limette
3 Bananen

Nährwerte p. P.

403 kcal
51 g Kohlenhydrate
16 g Fett
18 g Eiweiß

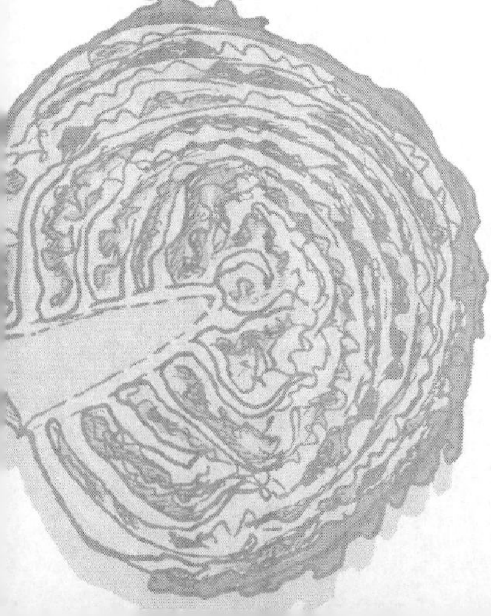

1 Schälen Sie die Bananen und schneiden Sie sie in Scheiben. Halbieren Sie die Limette und pressen Sie den Saft aus.

2 Pürieren Sie dann 1 EL Limettensaft mit Chili, 1 EL Sojasoße, Wasser, Erdnusskernen und Bananenscheiben. Schmecken Sie mit Pfeffer und Salz ab. Füllen Sie den Dip in eine kleine Schale um.

3 Bringen Sie nun 3 Liter Salzwasser in einem Topf zum Kochen. Waschen Sie den Wirsing und ziehen Sie 12 Blätter vorsichtig ab. Entfernen Sie jeweils den Strunk. Garen Sie die Blätter im Salzwasser, bis sie biegsam sind. Gießen Sie die Blätter anschließend ab, schrecken Sie sie kalt ab und lassen Sie sie abtropfen.

4 Waschen Sie die Paprika, halbieren Sie sie und entfernen Sie jeweils Strunk und Kerne. Schneiden Sie die Paprika dann in Streifen. Waschen und schälen Sie die Karotte, schneiden Sie sie ebenfalls in Streifen. Schälen und würfeln Sie den Knoblauch. Schneiden Sie den Tofu in Streifen.

5 Geben Sie jetzt Tofu-, Karotten- und Paprikastreifen in eine Schüssel und rühren Sie 3 EL Sojasoße, Knoblauch, 1 EL Limettensaft, Salz, Ingwer und 1 EL Olivenöl dazu.

6 Füllen Sie die Wirsingblätter jetzt mit Gemüse und Tofu und rollen Sie sie zu Wraps auf. Servieren Sie Ihre Wraps mit Erdnuss-Dip.

GEBACKENER WIRSING

2 Port. 25 Min. Leicht

Zutaten

Etwas Zitronensaft
1 ½ EL weiche Butter
1 Prise rosenscharfes Paprikapulver
6 EL Semmelbrösel
2 EL Olivenöl
Etwas Salz
400 g Wirsing

Nährwerte p. P.

322 kcal
28 g Kohlenhydrate
17 g Fett
8 g Eiweiß

1 Heizen Sie den Ofen auf 200 °C Ober- /Unterhitze vor. Schneiden Sie den Wirsing in zwei Hälften, waschen Sie diese und schneiden Sie den Strunk heraus. Legen Sie die Wirsingblätter auf ein Backblech mit Backpapier und träufeln Sie 2 EL Öl darüber. Würzen Sie dann mit Salz. Backen Sie die Blätter für 15 Minuten im Ofen.

2 Würzen Sie die Semmelbrösel mit einer Prise Paprikapulver und Salz. Geben Sie nun die weiche Butter dazu und kneten Sie die Menge krümelig. Verteilen Sie die Brösel auf dem Wirsing und backen Sie alles für weitere 10 Minuten. Beträufeln Sie die Menge zuletzt mit ein paar Spritzern Zitronensaft.

Getränke

SMOOTHIE WIRSING, MANGOLD UND BANANE

3 Port. 15 Min. Leicht

Zutaten

1 mittelgroße Birne
1 Handvoll Mangold
½ Bund Minze
1 reife Banane
½ Grapefruit
1 Handvoll Wirsing
300 ml Wasser
Je 3 Blätter Mangold und Wirsing zur Dekoration

Nährwerte p. P.

65 kcal
2 g Kohlenhydrate
0 g Fett
0 g Eiweiß

1 Schälen Sie die Banane und schneiden Sie sie klein. Waschen Sie die Birne und vierteln Sie diese. Schälen und würfeln Sie die Grapefruit. Geben Sie alles in einen Mixer.

2 Zupfen Sie die Mangoldblätter von den Stielen und zerkleinern Sie Wirsing und Mangold zu kleinen Stücken. Hacken Sie die Minze grob. Geben Sie ebenfalls alles in den Mixer.

3 Füllen Sie nun das Wasser in den Mixer und pürieren Sie die Menge auf der niedrigsten Stufe cremig. Verteilen Sie die Menge auf 3 Gläser und garnieren Sie jedes Glas mit einem Mangold- und einem Wirsingblatt.

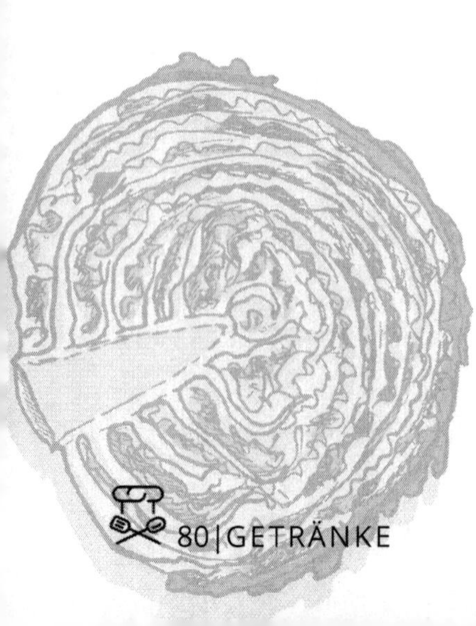

APFEL-WIRSING-FRUCHTSAFT

4 Port. 50 Min. Leicht

Zutaten

50 g Wirsing
1 Apfel
100 g Feldsalat
500 ml Wasser
50 g Datteln
½ Salatgurke
10 g Ingwer
1 Prise Salz

Nährwerte p. P.

54 kcal
1 g Kohlenhydrate
0 g Fett
0 g Eiweiß

1 Waschen Sie den Wirsing und schneiden Sie die Blätter grob klein. Waschen Sie die Gurke und zerkleinern Sie diese grob. Waschen Sie den Apfel, entkernen Sie ihn und schneiden Sie ihn ebenfalls grob klein. Schälen und hacken Sie den Ingwer. Putzen Sie den Feldsalat und zupfen Sie die Blätter ab.

2 Geben Sie nun alle Zutaten mit dem Wasser sowie dem Salz in einen Mixer und pürieren Sie die Menge schön cremig. Verteilen Sie die Menge auf 4 Gläser.

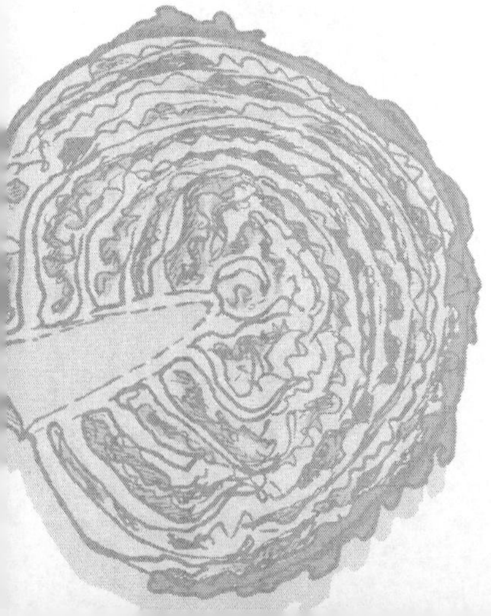

BLAUBEERE-WIRSING-SMOOTHIE

1 Port. 10 Min. Leicht

Zutaten

Etwas Spinat
1 Handvoll Blaubeeren
1 EL Kokosöl
Etwas Wirsing
1 Pfirsich
100 ml Sojamilch

Nährwerte p. P.

60 kcal
3 g Kohlenhydrate
1 g Fett
0 g Eiweiß

1 Waschen Sie den Wirsing sowie den Spinat und zerkleinern Sie die Blätter grob. Waschen Sie die Blaubeeren und lassen Sie sie abtropfen. Waschen Sie jetzt den Pfirsich, entkernen Sie ihn und schneiden Sie ihn in Stücke.

2 Geben Sie alles zusammen mit der Sojamilch sowie dem Kokosöl in einen Mixer und pürieren Sie die Menge. Sollte der Smoothie noch zu zäh sein, geben Sie ruhig noch etwas Sojamilch oder Wasser dazu.

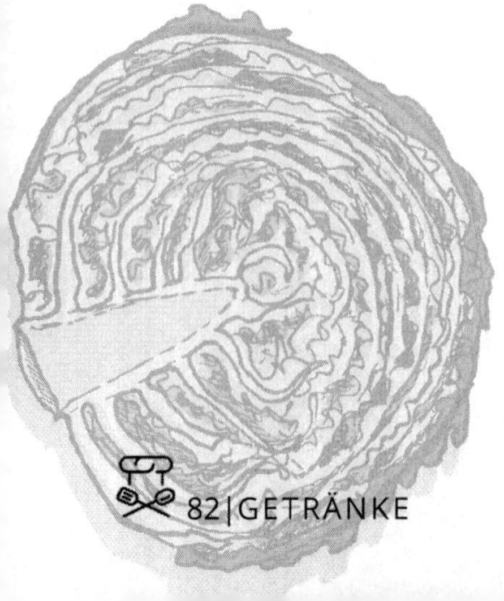

PAPAYA-WIRSING-SAFT

2 Port. 25 Min. Leicht

Zutaten

300 g Fruchtfleisch der Papaya
200 ml Orangensaft
Einige Orangenzesten
1 EL Chiasamen
800 g Wirsingblätter
2 EL Zitronensaft

Nährwerte p. P.

128 kcal
21 g Kohlenhydrate
2 g Fett
4 g Eiweiß

1 Lassen Sie die Chiasamen für 15 Minuten in kaltem Wasser einweichen. Würfeln Sie das Papaya-Fruchtfleisch. Waschen Sie die Wirsingblätter und schneiden Sie sie klein. Legen Sie etwas davon für später zur Seite.

2 Lassen Sie die Chiasamen abtropfen und geben Sie dann alle Zutaten zusammen in einen Mixer. Pürieren Sie alles zu einem leckeren Fruchtsaft.

3 Zuletzt garnieren Sie mit dem übrigen Wirsing.

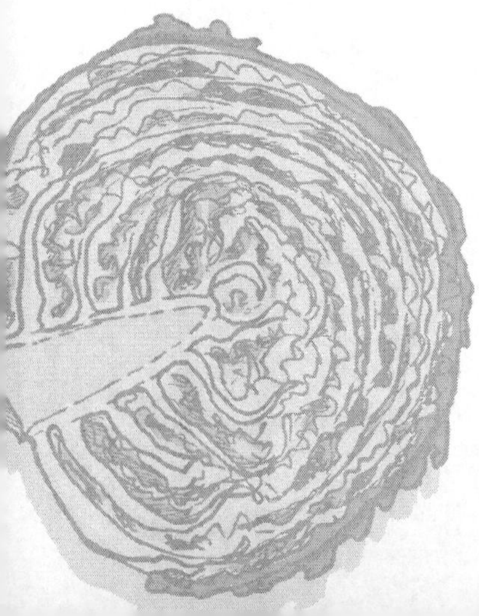

KOKOS-SMOOTHIE

2 Port. | 7 Min. | Leicht

Zutaten

50 g stilles Wasser
100 ml Kokosmilch
1 Birne
Saft einer Orange
5 Blätter Wirsing
1 reife Banane

Nährwerte p. P.

113 kcal
18 g Kohlenhydrate
1 g Fett
1 g Eiweiß

1 Schneiden Sie zunächst den weißen Strunk an den Wirsingblättern etwas ab. Schälen Sie die Banane und schneiden Sie sie in Stücke. Waschen Sie die Birne, vierteln Sie diese und entfernen Sie die Kerne.

2 Pressen Sie die Orange aus und fangen Sie den Saft auf. Geben Sie den Orangensaft mit den übrigen Zutaten in einen Mixer und pürieren Sie die Menge zu einem cremigen Kokos-Smoothie.

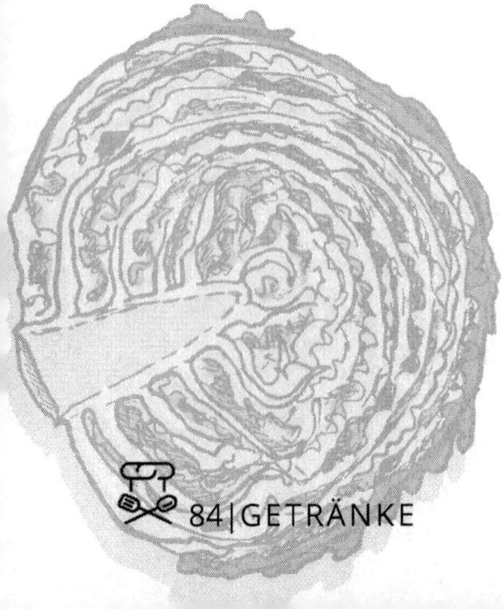

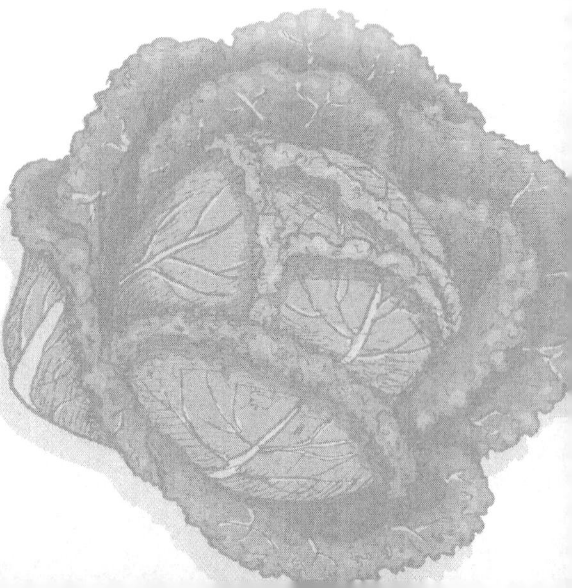

WIRSING-BIRNE-SAFT MIT INGWER

2 Port. 15 Min. Leicht

Zutaten

150 ml Wasser
150 g Kokoswasser
1 EL Leinöl
1 ½ TL Kokosöl
2 Birnen
1 Prise Pfeffer
½ TL Kurkumapulver
1 cm Ingwer
Saft einer Limette
1 Handvoll Babyspinat
3 Wirsingblätter ohne Strunk

Nährwerte p. P.

90 kcal
12 g Kohlenhydrate
1 g Fett
1 g Eiweiß

1 Waschen Sie den Wirsing, entfernen Sie den Strunk und pressen Sie den Saft der Limette aus. Waschen Sie auch den Spinat sowie die Birnen. Schneiden Sie die Birnen grob klein und entfernen Sie die Kerne.

2 Geben Sie nun alle Zutaten in einen Standmixer und pürieren Sie die Menge zu einem cremigen Saft. Fügen Sie Ihrem Saft nach Bedarf noch einige Eiswürfel hinzu und genießen Sie ihn kalt.

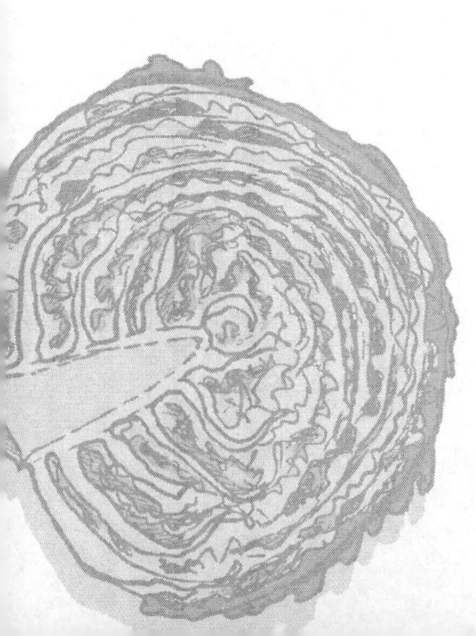

WIRSING-FEIGE-SMOOTHIE

2 Port. 2 Min. Leicht

Zutaten

500 ml Wasser
4 Blätter Wirsing
1 mittelgroße Limette (den Saft davon)
½ mittelgroße Honigmelone
4 mittelgroße Feigen
1 mittelgroße Papaya

Nährwerte p. P.

249 kcal
49 g Kohlenhydrate
2 g Fett
6 g Eiweiß

1 Waschen Sie die Wirsingblätter, entfernen Sie dicke Blattrippen und schneiden Sie die Blätter grob klein. Schälen Sie die Feigen sowie die Papaya und schneiden Sie das Fruchtfleisch aus der Honigmelone heraus. Schneiden Sie alles grob klein

2 Pressen Sie die Limette aus. Geben Sie nun alle Zutaten in einen Mixer und pürieren Sie die Menge schön cremig.

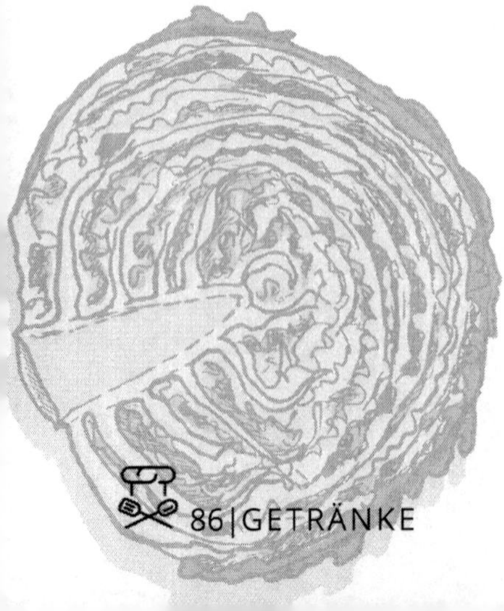

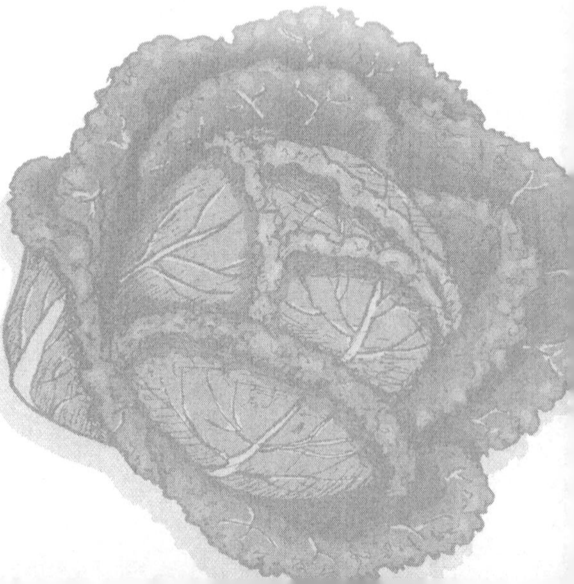

GREEN-SMOOTHIE MIT KIWI, INGWER UND WIRSING

2 Port. | 5 Min. | Leicht

Zutaten

Eiswürfel
200 ml Wasser
1 TL Hanfproteinpulver
1 EL Leinsamen
3 EL Haferflocken
1 Stückchen Ingwer
1 Handvoll Weintrauben
1 Scheibe Ananas
1 Kiwi
3 reife Bananen
4 Handvoll frischer Babyspinat
4 Wirsingblätter

Nährwerte p. P.

198 kcal
22 g Kohlenhydrate
1 g Fett
1 g Eiweiß

1 Waschen Sie die Zutaten und schälen Sie die Bananen. Schneiden Sie dann alle festen Zutaten grob in kleine Stücke.

2 Zuletzt geben Sie alles zusammen in einen Mixer und pürieren die Menge klein. Garnieren Sie Ihren Smoothie dann mit den Eiswürfeln.

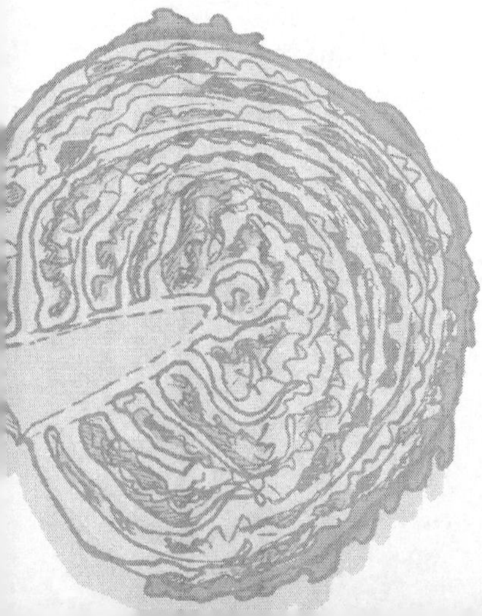

ANANAS-FRUCHTSHAKE

2 Port. 15 Min. Leicht

Zutaten

Ein paar Basilikumblätter
50 ml frisch gepresster Orangensaft
1 Stück Ingwer (1 cm)
100 g Ananasfruchtfleisch
50 g Salatgurke
50 g zarte Wirsingblätter
200 ml Wasser

Nährwerte p. P.

100 kcal
20 g Kohlenhydrate
1 g Fett
3 g Eiweiß

1 Waschen Sie den Wirsing sowie die Gurke und schneiden Sie beides grob in Stücke. Schneiden Sie das Fruchtfleisch der Ananas klein und schälen Sie den Ingwer.

2 Geben Sie jetzt das Wasser, den Ingwer, das Basilikum, den Orangensaft, die Ananas- und die Wirsingstücke in einen Mixer und pürieren Sie die Menge schaumig. Füllen Sie den Shake in 2 Gläser um.

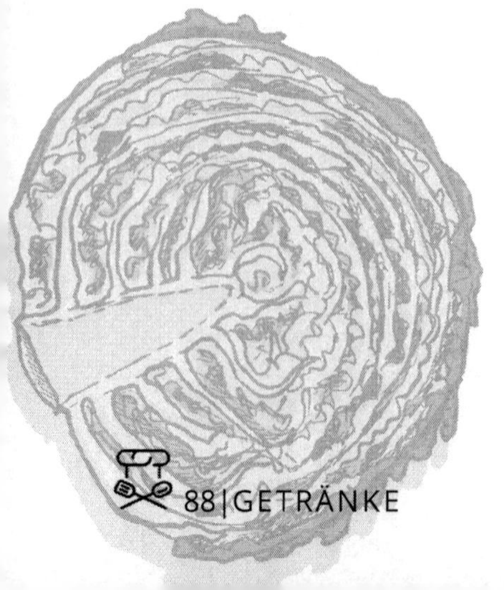

Soßen, Dips und Aufstriche

WIRSING-RAHMSOßE

4 Port. 40 Min. Leicht

Zutaten

30 g Haselnusskerne
200 ml saure Sahne
1 EL gerebelter Oregano
1 Prise gemahlener, schwarzer Pfeffer
1 Prise Salz
500 ml Gemüsebrühe
500 g Wirsing
2 EL Butter
2 Knoblauchzehen
2 Zwiebeln

Nährwerte p. P.

89 kcal
5 g Kohlenhydrate
6 g Fett
3 g Eiweiß

1 Schälen und hacken Sie zunächst Knoblauch und Zwiebeln. Waschen Sie den Wirsing, entfernen Sie äußere Blätter und Strunk und lassen Sie ihn abtropfen. Schneiden Sie die Blätter in Streifen, geben Sie sie in eine Schüssel mit Salzwasser und waschen Sie den Wirsing darin erneut. Lassen Sie ihn wieder abtropfen.

2 Erhitzen Sie nun die Butter in einer Pfanne und dünsten Sie Knoblauch und Zwiebeln etwa 2 Minuten lang darin an. Geben Sie den Wirsing dazu und dünsten Sie ihn für 4 Minuten mit. Gießen Sie dann mit der Brühe an und würzen Sie mit Oregano, Pfeffer und Salz. Lassen Sie alles für 15 Minuten köcheln.

3 Hacken Sie währenddessen die Nüsse und rösten Sie sie in einer Pfanne ohne Fett. Rühren Sie jetzt die saure Sahne unter den Wirsing und lassen Sie die Menge weitere 3 Minuten köcheln.

4 Garnieren Sie die fertige Soße mit den Nüssen.

WIRSING-KÄSESOßE

4 Port. | 35 Min. | Leicht

Zutaten

Pfeffer und Salz
1 Prise Muskatnuss
120 g geriebener Käse
500 ml Gemüsebrühe
30 g Mehl
1 Zwiebel
3 EL Butter
500 ml Wasser
1 Kopf Wirsing
Etwas Zucker

Nährwerte p. P.

124 kcal
3 g Kohlenhydrate
10 g Fett
7 g Eiweiß

1 Entfernen Sie die äußeren Blätter sowie den Strunk des Wirsings und hobeln Sie die übrigen Blätter. Waschen Sie den Wirsing und schleudern Sie ihn in einer Salatschleuder trocken.

2 Erhitzen Sie die Butter in einem großen Topf, geben Sie den Wirsing hinein und schmoren Sie ihn unter Rühren. Würzen Sie mit Salz und Pfeffer und Zucker. Gießen Sie das Wasser dazu und lassen Sie die Menge abgedeckt für 10 Minuten kochen. Schmecken Sie anschließend mit Pfeffer ab.

3 Schälen und hacken Sie nun die Zwiebel und braten Sie sie dann in einem weiteren Topf glasig an. Geben Sie das Mehl und etwas Gemüsebrühe dazu. Rühren Sie dann die übrige Gemüsebrühe nach und nach unter. Lassen Sie die Menge kurz kochen. Jetzt rühren Sie den Käse in die Menge und würzen mit Muskatnuss, Salz und Pfeffer.

4 Jetzt geben Sie den Wirsing dazu und lassen alles noch ein paar Minuten lang ziehen.

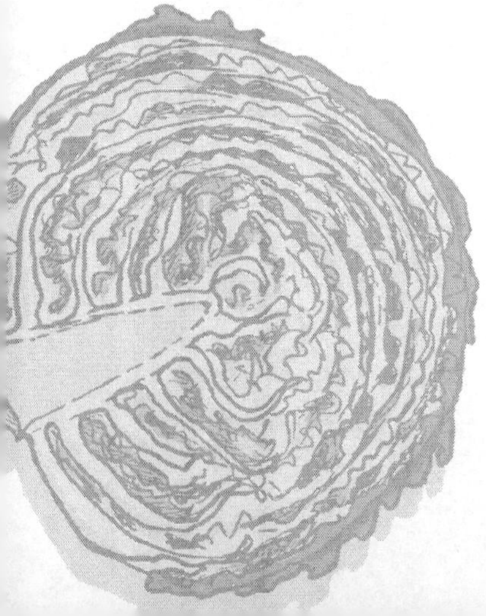

KÄSE-WIRSING-DIP

4 Port. 40 Min. Leicht

Zutaten

1 Bund Petersilie
Etwas gemahlener Koriander
100 g Frischkäse
250 ml Milch
1 EL Rapsöl
Etwas Pfeffer und Salz
1 Stange Lauch
600 g Wirsing
200 ml Wasser

Nährwerte p. P.

145 kcal
2 g Kohlenhydrate
7 g Fett
4 g Eiweiß

1 Waschen Sie den Wirsing und entfernen Sie die trockenen Blätter. Schneiden Sie den Strunk heraus und schneiden Sie die übrigen Blätter in sehr feine Streifen. Putzen Sie den Lauch und schneiden Sie ihn in feine Ringe.

2 Erhitzen Sie das Öl in einer Pfanne und braten Sie Wirsing und Lauch darin an. Geben Sie dann 200 ml Wasser dazu und würzen Sie mit Pfeffer sowie Salz. Decken Sie die Pfanne ab und lassen Sie die Menge 15 Minuten lang schmoren.

3 Anschließend geben Sie den Frischkäse und die Milch dazu. Pürieren Sie die Menge und würzen Sie nochmals mit Pfeffer sowie Koriander.

4 Waschen und hacken Sie die Petersilie und mischen Sie sie unter den Dip.

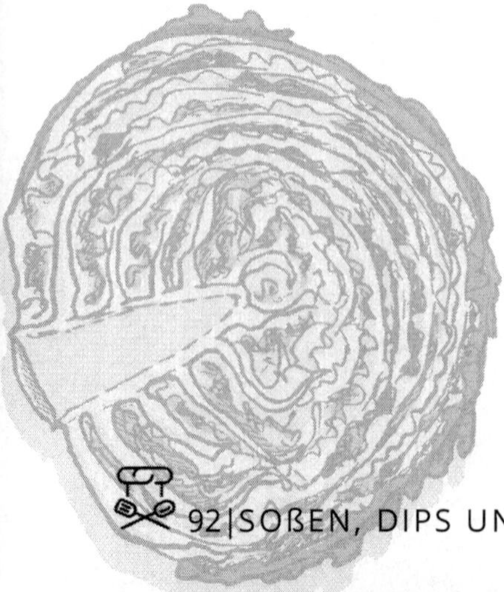

WIRSING-TOFU-AUFSTRICH

2 Gläser | 15 Min. | Leicht

Zutaten

Pfeffer und Salz
1 EL Currypulver
1 Knoblauchzehe
1 rote Zwiebel
150 ml Gemüsebrühe
200 g Räuchertofu
500 g Wirsing
Etwas Öl

Nährwerte p. P.

80 kcal
2 g Kohlenhydrate
1 g Fett
8 g Eiweiß

1 Schälen und würfeln Sie die Zwiebel, schälen und hacken Sie den Knoblauch. Erhitzen Sie etwas Öl in einem Topf und dünsten Sie beides etwa 3 Minuten lang an.

2 Würfeln Sie währenddessen auch den Tofu, geben Sie ihn mit dem Currypulver in den Topf und braten Sie beides darin für 4 Minuten an.

3 Waschen Sie den Wirsing, entfernen Sie trockene Blätter und Strunk und schneiden Sie ihn klein. Geben Sie ihn mit in den Topf und würzen Sie mit Salz. Lassen Sie die Menge für 6 Minuten kochen, rühren Sie zwischendurch um.

4 Nehmen Sie den Topf vom Herd und pürieren Sie die Menge. Rühren Sie jetzt die Gemüsebrühe nach Bedarf darunter. Schmecken Sie nochmals mit Salz und Pfeffer ab und füllen Sie den Aufstrich dann in saubere 400-ml-Gläser um.

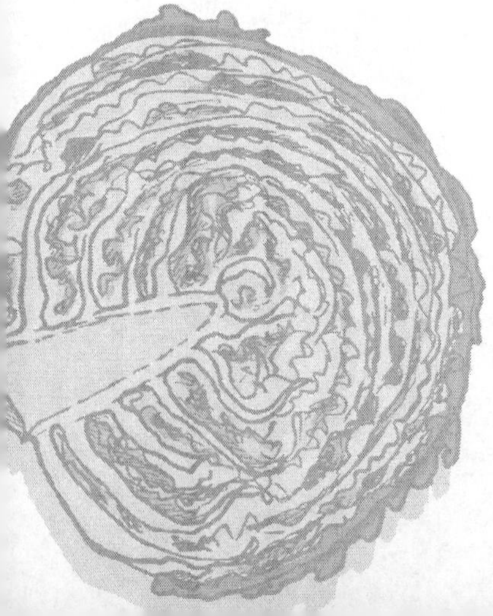

WIRSING-BIRNE-MANDEL-AUFSTRICH

4 Port. | 40 Min. | Leicht

Zutaten

Pfeffer und Salz
15 g Mandelmus
1 Stiel Salbei
30 g Pinienkerne
3 EL Gemüsebrühe
1 EL Olivenöl
1 Birne
100 g Wirsing

Nährwerte p. P.

115 kcal
7 g Kohlenhydrate
9 g Fett
3 g Eiweiß

1 Waschen Sie den Wirsing gründlich und schneiden Sie ihn sehr klein. Erhitzen Sie das Öl in einer Pfanne und braten Sie den Wirsing 3 Minuten lang darin an.

2 Waschen Sie die Birne, halbieren und entkernen Sie sie und schneiden Sie die Hälften dann in Würfel. Geben Sie Birnenwürfel und Brühe zum Wirsing. Garen Sie alles für 10 Minuten.

3 Rösten Sie währenddessen die Pinienkerne in einer Pfanne ohne Fett für 3 Minuten an. Waschen Sie den Salbei und zupfen Sie die Blätter ab.

4 Geben Sie die Birnenwürfel mit der Brühe zusammen mit dem Wirsing in eine Schüssel. Fügen Sie den Salbei sowie das Mandelmus hinzu und pürieren Sie die Menge fein. Schmecken Sie mit Salz und Pfeffer ab.

5 Füllen Sie die Menge in passende Schraubgläser und dekorieren Sie mit den Pinienkernen. Der Aufstrich ist im Kühlschrank nun etwa 5 Tage lang haltbar.

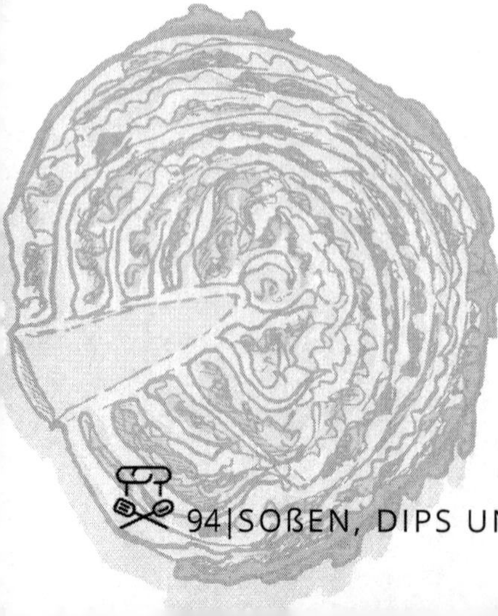

1. Auflage
Kontakt: Psiana eCom UG/ Berumer Str. 44/ 26844 Jemgum
Covergestaltung: Fenna Larsson
Coverfoto: depositphotos.com